Véronique Carrette

Mes astuces et conseils de SOPHROLOGUE

EYROLLES

Mes astuces et conseils de
SOPHROLOGUE

Groupe Eyrolles
61, bd Saint-Germain
75240 Paris Cedex 05

www.editions-eyrolles.com

Mise en pages : Florian Hue

Pictogrammes : © www.freepik.com

Dans la même collection :

Mes astuces et conseils de nutritionniste, Véronique Liégeois

Mes astuces et conseils de naturopathe, Alessandra Moro Buronzo

Mes astuces et conseils de pharmacienne, Solange Strobel

ISBN : 978-2-212-56394-8

SOMMAIRE

INTRODUCTION

Pourquoi pratiquer la sophrologie ?

Combinaison de différentes techniques occidentales et orientales, la sophrologie permet d'optimiser son état de conscience dans un but de dépassement de soi, à travers des exercices de méditation, de yoga et de relaxation. Les maîtres mots ? Liberté, bienveillance et congruence.

Cette méthode, jeune, évolue encore chaque jour.

Le sophrologue, en conscience, pratique pour lui-même les différentes techniques pour être en pleine possession de ses moyens pour accompagner l'Autre – vous – sur le chemin de la connaissance de soi.

Le sophrologue tout comme le « sophronisé » étant des êtres humains distincts, chaque rencontre crée une sophrologie unique.

Au-delà de la rencontre avec un sophrologue, la pratique de la sophrologie peut faire partie intégrante d'une hygiène de vie globale.

En effet, nul besoin de matériel sophistiqué ou application spéciale : nous avons tout en nous, nous sommes tous naturellement compétents pour pratiquer n'importe où, n'importe quand !

La nature, dans sa grande générosité, nous a confié un corps, un cerveau et des poumons. Et ces trois ingrédients suffisent !

Observez un nouveau-né qui respire : il respire avec le ventre, n'a cure du ventre plat ! Il respire de tout son être ! Dès qu'il marche, qu'il grandit, qu'il devient « bipède », sa respiration devient thoracique...

Observez un enfant qui regarde le monde, les yeux grand ouverts, avide de découvertes... Il contemple de tout son être ! Plus grand, les « problèmes » prennent le pas sur la contemplation.

Écoutez un enfant qui joue seul, qui se raconte des histoires merveilleuses, féeriques, dans un monde qui n'appartient qu'à lui, sans limite... Il imagine de tout son être ! Plus tard, ne reste à la rêverie que la portion congrue...

Ce livre, je l'ai souhaité et conçu comme une invitation à la respiration, au regard émerveillé et à l'imagination sans bornes...

J'aborde des cas pratiques de façon didactique et sans qu'il y ait obligation à pratiquer tous les exercices dans l'ordre indiqué.

Simplement s'autoriser à prendre du temps pour soi... Pour reprendre son souffle...

Bonne lecture, en conscience.

Chapitre 1

COMPRENDRE LA SOPHROLOGIE

La sophrologie est une discipline qui fait le vœu d'harmoniser le corps et l'esprit. L'entraînement sophrologique amène la personne qui la pratique à mieux se connaître, à identifier des tensions, le bien-être, l'état interne dans lequel elle se trouve. L'objectif de cette meilleure connaissance de soi est de trouver ou de retrouver l'harmonie de soi à soi, entre le corps et l'esprit.

La sophrologie a été créée par un médecin neuropsychiatre d'origine colombienne, le professeur Alfonso Caycedo, dans les années soixante.

Pour élaborer cette méthode spécifique, ce dernier a effectué des recherches sur les différentes techniques qui modifient d'une façon ou d'une autre l'état de conscience pour en sortir l'essentiel et codifier la technique.

Le mot « sophrologie » vient du grec *sos* (harmonie) ; *phren* (esprit, conscience) et *logos* (étude, discours).

Historique et influences de la sophrologie

Jeune médecin dans les années cinquante, Alfonso Caycedo travaille en psychiatrie : il est choqué par les traitements infligés aux malades (électrochocs, camisoles chimiques ou de force). Il découvre l'hypnose, technique non intrusive, non violente, qui agit sur le comportement et une potentielle modification de celui-ci.
Ces techniques hypnotiques l'amènent à s'intéresser de manière spécifique aux différents états de conscience. Il commence d'ailleurs ses expérimentations avec l'hypnose sur des malades psychotiques.
L'état hypnotique (état modifié de conscience) est connu par tout un chacun dans sa vie de tous les jours (rêverie diurne, être dans la lune).
Du magnétisme animal de F.-A. Mesmer à l'hypnose ericksonnienne, l'hypnose a connu des hauts et des bas, des controverses et des succès. La célèbre école de Nancy (A. Liébault et H. Bernheim), l'école non moins célèbre de la Salpêtrière (J.-M. Charcot) font vivre à l'hypnose ses premières heures de gloire. Même Sigmund Freud suivra l'enseignement à Nancy et à Paris avant de décrier l'hypnose et de la réhabiliter durant les dernières années de sa vie.
Milton Erickson, au début du XXe siècle va renouveler la pratique de l'hypnose thérapeutique en y apportant de nouvelles notions (autonomie du sujet, auto-hypnose).
Lorsqu'Alfonso Caycedo crée la sophrologie en 1960, un grand nombre de techniques thérapeutiques sont connues et utilisées par le corps médical. Ces différentes techniques et les grands noms qui y sont associés vont l'influencer.
Tout d'abord Freud et la psychanalyse à travers laquelle il s'intéresse à la notion d'inconscient et ce niveau modifié de la conscience que l'on visite lors du sommeil en rêvant (théorie des rêves de Freud).
Avec deux visions différentes de la relaxation qu'ont expérimentées E. Jacobson et J.-H. Schultz, il étudie là une notion plus corporelle

de cet état modifié de conscience. En effet, E. Jacobson (relaxation progressive, 1928) considère que l'on peut détendre l'esprit en détendant le corps. J.-H. Schultz (*training* autogène, 1932), à l'inverse, considère que l'on peut détendre le corps en suggérant cette détente à l'esprit. En fait, A. Caycedo constate que les deux techniques fonctionnent et s'inspire des travaux de E. Jacobson dans ses exercices de « relaxation dynamique » et de ceux de J.-H. Schultz dans les « sophronisations ».

Durant ses recherches, Alfonso Caycedo découvre la phénoménologie. Cette philosophie initiée par le philosophe allemand E. Husserl (1859-1938) propose de porter un regard neuf sur le monde en se focalisant sur l'expérience par les sens, un regard sans idée préconçue, libéré des *a priori*. Cette approche éclaire A. Caycedo sur la construction de la conscience qui constate alors que chaque phénomène vécu par le corps permet une nouvelle prise de conscience. Il comprend l'importance de l'expérience, notamment corporelle et étudie son impact sur la santé. A. Caycedo travaille avec le phénoménologue suisse L. Binswanger qui apporte à cette philosophie de vie une vue plus existentielle (adaptable à l'existence). Il s'agit de porter un regard neuf (comme si c'était la première fois) sur des actions de vie quotidienne.

En pratiquant la sophrologie, la personne s'offre la possibilité d'accueillir un ressenti ou une tension comme ils se présentent, de prendre conscience du corps dans sa réalité de l'instant, spontanément, sans jugement, sans *a priori* ou préjugé.

Encouragé par L. Binswanger et dans le but d'étayer encore ses travaux, A. Caycedo entreprend un long voyage en Orient et découvre à travers les techniques orientales (yoga indien, bouddhisme tibétain et zen japonais) que le corps est le siège du vécu, de l'expérience. Avec le yoga, il expérimente les bienfaits de la respiration associée aux mouvements et postures ; avec le bouddhisme tibétain, la méditation et la pensée positive ; le zen japonais enfin dans lequel il expérimente l'importance du silence et des postures. Il comprend que

prendre conscience de son corps permet de prendre conscience de son existence. C'est l'union de l'approche psychique et corporelle de la conscience qui devient alors le fondement de la sophrologie.
À la fin des années soixante, A. Caycedo est nommé professeur de psychiatrie à la faculté de médecine de Barcelone. Inspiré par ses travaux antérieurs et ses voyages, il conçoit les trois premiers degrés de sa méthode. Il profite de ce cadre pour tester ses exercices et publie ses travaux lors de symposiums dans lesquels il rencontre de la part du public un grand intérêt pour ses travaux.
A. Caycedo définit un ensemble de termes techniques, un vocabulaire propre qu'il répertorie dans le *Dictionnaire abrégé de sophrologie et relaxation dynamique*.

Au milieu des années quatre-vingt, Alfonso Caycedo vient à Paris pour présenter le quatrième degré de sa méthode. Cette évolution introduit la notion « existentielle » basée sur les valeurs de l'existence. Les travaux d'Alfonso Caycedo l'ont amené à concevoir douze degrés à la méthode.
Les huit derniers degrés entrent dans une dynamique de développement personnel approfondi.
Dans la majorité des cas, les quatre premiers degrés de la méthode suffisent amplement à aider une personne à sortir d'une problématique.

Les principes fondamentaux en sophrologie

Les états de conscience

D'après la définition du Larousse, « la conscience est la connaissance intuitive ou réflexive immédiate que chacun a de son existence et de celle du monde extérieur. »
La sophrologie a pour visée d'élargir cette conscience, de lui donner plus d'ampleur.
Il existe en sophrologie trois états de conscience – pathologique, ordinaire et sophronique –, qui décrivent chacun une conscience particulière.
La conscience ordinaire est un état dans lequel chacun se trouve la plupart du temps, dès lors qu'il y a absence de maladie.
La conscience pathologique est un état dans lequel la maladie est présente. Du simple rhume jusqu'à l'état psychotique, cet état décrit le moindre changement de la conscience. Même minime, une modification de vision du monde engendre le passage dans cet état.
La conscience sophronique est un état de conscience élargi visitée pendant les exercices de sophrologie qui permet à l'individu de mieux se connaître. Cet état est un état passager.

Les niveaux de vigilance

Les niveaux de vigilance sont le coma, le sommeil (ses différents stades), la veille et la veille attentive. Il existe un niveau entre la veille et le sommeil dans lequel les sensations sont finement perçues et intégrées. À ce niveau également, les mécanismes de défense psychique (croyances...) baissent. C'est un niveau connu de tous puisqu'il est traversé au réveil et à l'endormissement. Recréé artificiellement

grâce aux techniques d'induction, c'est à ce même niveau que la sophrologie ou encore l'hypnose interviennent.
Ces différents niveaux de vigilance peuvent également être modifiés artificiellement par les médicaments (somnifères, anesthésie) ou les drogues.

Le schéma corporel comme réalité vécue

La notion de schéma corporel évoque la représentation que chacun se fait de son corps. En sophrologie, l'intégration du schéma corporel passe par la conscience que chacun a de son enveloppe corporelle et également des mouvements, des fonctions physiologiques, des pensées, des émotions, des perceptions, des sens... De tout ce qui fait d'un individu un être unique avec son vécu, son histoire.
Ainsi, le schéma corporel de tout un chacun évolue à chaque instant. Le meilleur exemple d'évolution reste la grossesse durant laquelle le schéma corporel se modifie grandement et rapidement.

L'action positive

Avec ce principe, la sophrologie part du postulat que toute action, pensée ou tout ressenti positif peut engendrer une pensée, une action ou un ressenti positif.
Toute action, pensée ou tout ressenti, même minime, est intéressant à explorer avec cette notion. Ainsi, un simple sourire, un bon moment avec des amis ou encore une promenade dans un lieu aimé peuvent se répercuter sur l'ensemble de l'être.
L'action positive permet de prendre en compte la réalité de l'instant, d'accueillir tels qu'ils sont les petits bonheurs de l'existence et leurs effets sur le corps et l'esprit.
Ce principe dynamise le positif perçu par chacun comme positif.

La réalité objective

Lorsque la sophrologie est pratiquée avec un sophrologue dans un objectif précis, ce principe de réalité objective concerne le sophronisé mais surtout le praticien. Le sophrologue devant accompagner son sophronisé vers l'atteinte de son objectif et vers l'autonomie de pratique, il se doit de connaître ses limites de compétences techniques et émotionnelles. Le sophronisé apprend de son côté à vivre sa réalité telle qu'elle est, non plus comme il la souhaite ou la rêve.

L'adaptabilité

Ce principe concerne le sophrologue qui devra s'adapter à la réalité de l'instant de son sophronisé tout en restant dans une attitude souple et positive.

L'alliance sophronique

C'est le lien qui s'établit entre le sophrologue et le sophronisé. Dans cette relation singulière, il n'y a pas de « sachant » directeur de conscience. Simplement, une relation sujet-sujet dans un espace dédié à l'apprentissage de l'accueil du phénomène.

Les quatre premiers degrés

Le premier degré s'intéresse au corps. Il permet de développer la conscience du schéma corporel et d'accroître la concentration.
Le deuxième degré s'intéresse à l'esprit. Il permet d'apprendre à contempler le schéma corporel au travers des perceptions internes et externes.
Le troisième degré s'intéresse à la rencontre du corps et de l'esprit. Il permet de travailler à l'unification du corps et de l'esprit. C'est un degré plus méditatif.

Le quatrième degré s'intéresse aux valeurs de l'existence. Il permet de se relier, d'être en congruence avec les valeurs existentielles de l'être humain.

L'entraînement sophrologique

L'entraînement est essentiel en sophrologie pour installer et pérenniser un état.
C'est l'image d'une goutte d'eau qui glisse sur la pierre et des millions de gouttes d'eau qui peuvent la fendre...
Les exercices de sophrologie peuvent être pratiqués tous les jours au besoin ou à l'envi, installés comme un rituel ou pour ramener un état serein dans un moment critique.

L'intention

L'intention reste importante en sophrologie puisqu'elle constitue l'essence même de la pensée délibérée, du but à atteindre.
« Chacune de nos pensées, bonne ou mauvaise, se concrétise, se matérialise, devient en un mot une réalité dans le domaine de la possibilité. » Émile Coué

Le *terpnos logos*

Il s'agit simplement de la façon particulière qu'adoptent les sophrologues pour parler pendant les exercices. Le ton est monocorde et monotone. Cette façon de parler aide à atteindre le niveau de vigilance favorable au travail de visualisation positive.

Les pauses silencieuses

Il existe deux types de pauses silencieuses.
Des silences courts qui amènent le sujet à accueillir des sensations spécifiques (exemples : sensations au niveau des bras... des coudes...

des avant-bras... des poignets... des mains... des doigts...).
Des silences plus longs qui amènent le sujet à accueillir des sensations plus globales (exemple : sensations au niveau des membres supérieurs...).
Ils sont de véritables alliés pour aider le sujet à prendre conscience des sensations et des phénomènes qu'il vit.
Dans les exercices proposés dans cet ouvrage, ces silences sont symbolisés par des points de suspension.

LA SOPHROLOGIE : POUR TOUT LE MONDE ?

Il n'y a pas de contre-indications à pratiquer la sophrologie hormis :

- la prise en charge de personnes atteintes de pathologies psychiatriques qui reste réservée au personnel médical compétent ;
- les limites de compétences du sophrologue qui fait appel au principe de réalité objective (voir page 19) ;
- les personnes ayant des difficultés respiratoires avec lesquelles le sophrologue utilisera le principe d'adaptabilité (voir page 19) ;
- la surdité qui est un obstacle aux suggestions. Il est toutefois envisageable de travailler avec un langage adapté ;
- la prise en charge de certaines phobies ou addictions qui est possible en équipe pluridisciplinaire.

De manière générale, la contre-indication la plus importante reste la motivation du sujet !

Les outils de la sophrologie

La respiration

La respiration est la seule fonction vitale qui peut être autonome (la plupart du temps) ou consciente. C'est un outil merveilleux qui permet de se détendre, de se dynamiser et ce, de manière tout à fait naturelle. Ainsi, une respiration abdominale consciente pratiquée plusieurs fois par jour peut à elle seule ramener à un calme certain.

De plus, cette respiration basse permet un massage naturel et doux des viscères grâce à une plus grande amplitude du mouvement du diaphragme.

La sophrologie propose des exercices de respiration associés à des mouvements qui sont issus pour la plupart du yoga (relaxation dynamique).

Le relâchement musculaire

Le relâchement musculaire est un autre axe de travail de la sophrologie, en particulier la prise de conscience de ce dernier.

Ce travail sur le relâchement musculaire consiste à affiner les ressentis de l'instant, à nuancer ces ressentis et par là même à mieux se connaître.

Cette finesse dans les ressentis aide à mieux percevoir les tensions existantes voire à en prendre conscience afin de les atténuer, les abaisser, les faire disparaître.

La visualisation mentale

Cet axe de travail utilise la plus grande capacité de l'être humain, son imagination. Le cerveau ne sachant pas faire la différence entre ce qui est réellement vécu et ce qui est seulement imaginé, l'idée, initiée par Émile Coué, de visualiser du positif prend tout son sens en sophrologie.

L'aide des cinq sens (vue, audition, ouïe, odorat, toucher) amène la personne à construire une image de détente, d'énergie ou autre qui lui convient, à se remémorer une situation, un paysage apaisant ou stimulant... L'évocation des émotions et des capacités que la personne détient engage cette dernière à prendre conscience de son potentiel, à le faire progresser si besoin... (sophronisation).

COMMENT ABORDER LES EXERCICES PRÉSENTÉS DANS L'OUVRAGE ?

Pour chaque thème abordé dans ce livre, vous trouverez des exercices spécifiques avec leur intention. Ces exercices de respiration, relâchement musculaire et visualisation mentale positive peuvent être effectués consécutivement ou utilisés individuellement.
Le secret de leur efficacité réside dans leur répétition. En les répétant, un message positif parvient régulièrement au cerveau qui « s'habitue » à se détendre.

Exercices de respiration associés à des mouvements

La respiration est un outil puissant. C'est la seule fonction vitale qui soit autonome (la plupart du temps), contrôlée. Ainsi, des exercices simples de respiration associés à une intention appropriée pourront, par exemple, faire baisser l'intensité du stress ressenti, ramener du calme, se concentrer, se réaxer.

Exercices de relâchement musculaire

Lorsque le corps est couché ou assis, il est normalement détendu, les muscles sont relâchés...
Néanmoins, il peut arriver que des tensions subsistent ou qu'il n'y ait pas une conscience vraie du relâchement, du repos.

Exercices d'imagerie mentale

La visualisation mentale est un exercice pratiqué par vous et moi, tous les jours, grâce à la plus grande capacité de l'homme : l'imagination. Dès lors que l'imagination est guidée vers des pensées positives, elle devient une véritable alliée.

Les techniques sophrologiques

La relaxation dynamique

Les exercices de relaxation dynamique sont des exercices de respiration associés à des mouvements. Ils peuvent se pratiquer en position debout ou assise.
Il est vivement conseillé de leur adjoindre une intention précise.

La sophronisation

Les exercices de sophronisation sont des exercices de visualisation mentale qui utilisent à plein l'imagination. Ils sont généralement guidés par la voix du sophrologue et sont pourvus d'une intention précise.
Ils permettent de travailler dans les trois plans temporels, présent, futur et passé.
La visualisation mentale permet également de relativiser une situation anxiogène, à se voir calme lors d'un examen par exemple ou encore de visualiser un organe, un endroit du corps en meilleur fonctionnement, par exemple en rééducation après une blessure.

Exemple de sophronisation de base (lecture du corps qui amène à une profonde détente)

Il conviendra, à la fin de cet exercice, de s'accorder un temps pour se remobiliser, remettre son corps en mouvement, prendre une profonde inspiration et souffler fortement... Bailler et s'étirer à loisir afin d'être tout à fait prêt à ouvrir les yeux et à reprendre une activité normale.
Pour un approfondissement de l'état, il est possible de pratiquer cet exercice avant les exercices de visualisation proposés dans ce livre.

Je vous invite à adopter votre position de confort…
Je vous invite à fermer les yeux… En guise de rupture avec le monde extérieur…
Et puis, prendre conscience de vos appuis, des appuis de votre corps sur le support… Comme si votre corps pouvait laisser son empreinte sur le support… Comme s'il devenait plus lourd…
Prendre conscience de vos vêtements contre votre peau, de votre respiration naturelle, spontanée…
À présent, vous portez une attention particulière à votre tête, votre visage…
Sentir votre cuir chevelu se détendre… Votre front se lisser… Vos sourcils se défroncer… Vos yeux se tranquillisent, protégés du monde extérieur par vos paupières…
Sentir l'air un peu frais au bord de vos narines à chaque inspiration… L'air tiède qui en sort à chaque expiration…
Vos mâchoires se desserrent… Vos joues se relâchent… L'extérieur des joues, l'intérieur des joues… Votre langue prend sa place naturelle dans votre bouche… Votre gorge se dénoue.
Votre visage, votre tête se détendent…
La détente se propage à votre nuque, vertèbres cervicales… Muscles du cou… Vos épaules se relâchent… Vos bras… Vos coudes… Vos avant-bras… Vos poignets… Vos mains… Vos doigts… Jusqu'au bout des ongles…
Percevoir le relâchement tout le long de membres supérieurs et au niveau de votre nuque…
À présent, vous prenez quelques instants pour observer votre respiration…
Respiration thoracique… Sentir vos côtes qui s'ouvrent à chaque inspiration… Se referment à chaque expiration…
Respiration abdominale… Sentir votre ventre qui se soulève à chaque inspiration… S'abaisse à chaque expiration…
Observer l'amplitude de votre respiration… Observer le rythme de votre respiration… Ce rythme calme, régulier qui imprègne votre

dos de la détente… Votre colonne vertébrale se dépose un peu plus… Vos muscles dorsaux se relâchent…

Percevoir le relâchement de votre buste…

Et le relâchement se propage un peu plus encore… Il envahit maintenant votre bassin… Vos hanches… Vos muscles fessiers… Votre périnée… Vos cuisses s'apaisent… L'avant des cuisses… L'arrière des cuisses… Vos genoux… Vos mollets… Vos chevilles… Vos pieds… Jusqu'au bout de vos orteils…

Percevoir le relâchement tout le long des membres inférieurs et au niveau de votre bassin…

Et puis vous accorder quelques instants… Quelques instants pour accueillir toutes les sensations… Accueillir toutes les informations que votre corps procure à cet instant…

Les champs d'application de la sophrologie

Ces champs d'application sont larges car la sophrologie se pratique à tout âge et en toutes conditions de santé.
Elle peut être utilisée pour accompagner (liste non exhaustive) :

- ✓ la gestion du stress ;
- ✓ l'habituation aux acouphènes ;
- ✓ la prise en charge des pathologies chroniques et/ou lourdes ;
- ✓ la préparation mentale ;
- ✓ la préparation à la naissance, à la parentalité ;
- ✓ la prise en charge des troubles sexuels ;
- ✓ la gestion de la douleur ;
- ✓ la prise en charge des troubles du sommeil ;
- ✓ la gestion du trac ;
- ✓ la gestion de la fatigue ;
- ✓ la rééducation ;
- ✓ la préparation aux examens, aux compétitions ;
- ✓ la gestion des difficultés d'apprentissage ;
- ✓ la gestion des difficultés de concentration...

CE QUE NE FAIT PAS LA SOPHROLOGIE

La sophrologie est un merveilleux complément aux traitements prescrits en cas de pathologie ; en aucun cas, elle ne peut se substituer à eux.

En ce qui concerne le **tabac**, la sophrologie ne fait pas arrêter de fumer ; elle peut par contre aider au sevrage en amplifiant la motivation à arrêter, en gérant le manque.

En ce qui concerne **l'amaigrissement**, la sophrologie ne fait pas maigrir ; elle peut en revanche, dans le cadre d'un suivi spécifique (diététicien, nutritionniste), aider à l'intégration d'un nouveau schéma corporel, renforcer les motivations à maigrir, mieux gérer les pulsions alimentaires.

De façon globale, la sophrologie peut aider à garder un cap grâce à des exercices pouvant être faits seul, au besoin ou à l'envi et surtout grâce à une prise de conscience globale qu'une nouvelle existence est possible avec une meilleure connaissance de soi.

Le déroulement d'une séance de sophrologie

Une séance de sophrologie dure entre cinquante minutes et une heure. Elle peut se pratiquer en groupe ou en individuel.

Généralement, les séances en groupe fonctionnent par thème, par cycle. Par exemple, comment gérer son stress, réapprendre à se concentrer. Elles peuvent se faire en groupe fermé, c'est-à-dire que les participants s'engagent à suivre l'ensemble d'un cycle ; en groupe ouvert, les séances sont ouvertes à de nouveaux participants à chaque séance.

En individuel, l'accompagnement se veut plus spécifique, centré sur la personne dans sa problématique et surtout l'objectif qu'elle souhaite atteindre.

La structure de la séance en groupe ou en individuel est identique.

Un premier temps social et de questionnement permet au consultant d'évoquer les raisons de sa venue et/ou son état du moment.

Ce premier est plus long lors de la première séance afin de permettre au sophrologue d'obtenir les informations nécessaires à la bonne prise en charge et de présenter la technique. À la fin de ce premier temps, le consultant se fixe un objectif.

Un deuxième temps permet au consultant de découvrir des exercices de relaxation dynamique expliqués et guidés par la voix du sophrologue, en rapport avec l'objectif.

Un troisième temps amène le sophrologue à guider le consultant dans une visualisation mentale positive, là encore en rapport avec l'objectif.

Enfin vient un quatrième temps d'expression pour le consultant. Ce temps d'expression du vécu est capital pour une prise de conscience vraie. En effet, la verbalisation du moindre ressenti aide le consultant à prendre conscience, à se connaître mieux.

TROUVER UN SOPHROLOGUE

Pour pratiquer la sophrologie en toute confiance et en toute sécurité, il convient de consulter les annuaires professionnels qui assurent que les membres sont formés et répondent à un code déontologique, à une éthique.

- http://www.chambre-syndicale-sophrologie.fr
- http://www.syndicat-sophrologues.fr
- http://www.federation-sophrologie.org

Chapitre 2

SOPHROLOGIE ET STRESS

Je suis trop stressé ! Tu me stresses ! Il se stresse pour rien ! Autant d'expressions entendues partout, tout le temps... Pourquoi le stress a-t-il mauvaise presse ? Pourquoi faut-il le combattre ? Et si mieux le connaître pouvait être un bon début ?

Pour s'en libérer, il convient d'abord d'identifier les signes du stress pour mieux comprendre ce qui le compose. Lorsqu'il est mieux appréhendé, le stress peut être plus facilement géré. Il convient donc de l'apprivoiser plutôt que de vouloir le voir disparaître, car le stress est utile en aidant à passer à l'action !

Qu'est-ce que le stress ?

Le stress est un allié… ou pas

Le mot stress est tombé dans le langage courant ; il a acquis au fil du temps ses lettres de noblesse... négatives. Pourtant, il est un phénomène normal, une réaction d'adaptation à une situation environnementale. La notion de stress a été introduite et étudiée au cours du XXe siècle par un médecin canadien d'origine autrichienne, Hans Selye. Il a pu identifier grâce à ses travaux les réactions et les mécanismes que l'organisme est prêt à mobiliser pour maîtriser la situation ou la fuir (*fight or flight response*).

D'autres scientifiques ont travaillé sur le stress comme le biologiste français Henri Laborit qui s'est penché sur les phénomènes réactifs d'une personne qui ne peut ni dominer ni fuir une situation (inhibition de l'action).

On peut citer également l'Américain Richard Lazarus qui a effectué d'importantes études sur le stress psychologique.

Tous égaux face au stress ?

Alors que certains recherchent cette excitation, ce « bon stress », pour atteindre un niveau optimum dans la notion de compétition par exemple, d'autres vont tenter de fuir tout agent stressant, en vain. Les réactions de stress sont normales et utiles. Tout est question de dosage. Dans certains cas, le niveau de compétence et/ou de performance est amélioré par le « bon stress ».

Ce n'est donc pas l'intensité de l'action mais bel et bien l'intensité de la tension produite par l'agent stressant. Ainsi, une personne très active peut être tout à fait détendue et une personne peu active peut être très tendue.

Le stress aigu ou le stress chronique

Le stress aigu peut se manifester pendant ou à la suite d'un événement traumatisant (deuil, accident…). Il est par définition temporaire mais peut être récurrent.

Le stress chronique est, lui, un état permanent. Il peut se caractériser chez une personnalité anxieuse (hypersensible aux agents stressants), suite à une situation difficile qui perdure et que la personne ne parvient ni à modifier ni à fuir (harcèlement, difficultés financières, couple conflictuel…).

Même si ce qui est « stressant » varie d'une personne à l'autre, certains événements comme le déménagement, l'éducation des enfants, la retraite ou encore la solitude stressent la plupart des gens.

Les trois phases d'évolution du stress

H. Selye a également mis en évidence trois phases d'évolution du stress.

La phase d'alerte

Avec l'apparition de signes comme l'augmentation du rythme cardiaque, la dilatation des pupilles ou encore des tensions corporelles. Elle s'apparente à une réaction à un « danger » de courte durée et peut être synonyme de « bon » stress. Une « décharge » d'adrénaline est à l'origine de ces réactions d'alerte. Elle prépare le corps à une action rapide.

La phase de résistance

Ou quand le stress se prolonge sur la durée. Le corps s'adapte et sécrète une hormone, la glucorticoïde, plus communément appelée l'hormone du stress. Cette hormone augmente le taux de glycémie afin que les organes comme le cœur et le cerveau continuent de fonctionner normalement. Cette phase est très énergétivore !

La phase d'épuisement

Quand le corps arrive à saturation de sollicitations et ne parvient plus à s'adapter... Les réservoirs sont vides... Il dit STOP !

Les trois composantes du stress

Expliquer le stress, c'est également évoquer les combinaisons possibles qui sont extrêmement variables (personnalité, contexte, état interne...) des trois éléments suivants :

L'agent stressant (source)

Cet agent stressant peut être mineur ou important, exceptionnel ou récurrent, prévu ou inattendu... Il est important de souligner que cet agent stressant peut être également positif !

La réaction

Lorsqu'il y a réaction à l'agent stressant, des réactions physiologiques (augmentation du rythme cardiaque, montée d'adrénaline...) permettent au corps de réagir à la situation.
Comme l'homme préhistorique, l'homme moderne doit décider rapidement de fuir la grosse « bête » ou de l'assommer. Les mécanismes mis en place pour « l'instant critique » ne peuvent perdurer sous peine d'entraîner le corps dans les phases de résistance et d'épuisement.

L'attitude

La perception que le cerveau a de la situation va conditionner l'intensité de la réaction. Le stimulus sera perçu comme plus ou moins dangereux...
Exemple : Un retard de cinq minutes à un dîner entre amis ne provoque pas la même réaction qu'un retard de cinq minutes pour prendre un train.
Dans le deuxième cas, le cerveau peut échafauder un scénario catastrophe, surtout si l'éducation du sujet a mis un point d'honneur à la ponctualité.
Il est important d'ajouter qu'une attitude négative et/ou fataliste ou des attentes utopiques peuvent également donner lieu à du stress.

Les outils sophrologiques

La sophrologie est une méthode qui s'appuie sur trois piliers : la respiration, le relâchement musculaire et la visualisation mentale.
Pouvoir identifier, reconnaître les premiers signes désagréables du stress afin de pouvoir les amoindrir.

Exercices de respiration

Inspirer le calme, souffler le stress

Je m'installe dans une position confortable, au calme. Je ferme les yeux. Je décide que ce temps est pour moi, ce temps pour me reconnecter avec moi-même.
Je peux poser les mains sur mon ventre pour mieux ressentir les mouvements, l'amplitude et le rythme de ma respiration.
J'imagine qu'à chaque inspiration, le calme entre en moi et me remplit...
J'imagine qu'à chaque expiration, le stress part loin de moi.
Je peux si je le souhaite donner une couleur et/ou une texture au calme et une couleur et/ou une texture au stress.

Se bercer

Debout, je prends le temps de prendre contact avec mes appuis sur le sol... Je les détaille. Le pied droit, le pied gauche... Je prends conscience de la pièce, de son volume, de la lumière... Je ferme les yeux... Je porte attention à ma respiration et je fais en sorte qu'elle s'abaisse, jusqu'à devenir abdominale...
Puis, en respiration libre et naturelle, je tourne le buste de droite à gauche, de gauche à droite, de la taille jusqu'à la tête. Mes épaules, mes bras jusqu'au bout de mes doigts sont totalement relâchés, tout mous... Je les laisse aller, ils viennent en contact régulier avec

mes hanches... Tout en effectuant ces rotations, je me concentre sur ma respiration, en particulier l'expiration.
J'imagine qu'à chaque rotation, je me relaxe un peu plus...
Je ralentis progressivement le rythme en laissant toujours aller mes bras jusqu'à l'arrêt complet.
Je prends un temps d'observation de mon état global, mental et physique.
Puis je peux m'asseoir quelques minutes pour observer avec curiosité cet état qui évolue.
Je peux ensuite m'étirer, prendre mon temps pour remettre mon corps en mouvement conscient, et ouvrir les yeux au dernier moment lorsque je suis parfaitement présent.

Exercices de relâchement musculaire

Contracter - Expirer

Je m'installe confortablement assis. Je porte attention à mes points de contacts sur la chaise, sur le sol. Je prends contact avec ma respiration spontanée, naturelle. En étant concentré sur ma respiration, j'imagine qu'elle devient abdominale au fur et à mesure... Comme si la détente pouvait s'installer à chaque expiration et que ma respiration pouvait descendre dans l'abdomen.
Puis, je vais pouvoir contacter les points de tension, qu'ils soient physiques, mentaux ou émotionnels en m'attardant sur les mâchoires, les épaules, les mains et les cuisses.
J'imagine que je peux les visualiser, leur donner par exemple une couleur, une matière...
Et comme pour me donner du courage, je prends une profonde inspiration, je retiens ma respiration et contracte l'ensemble de mon corps comme pour rassembler ces tensions inutiles... Je souffle fortement en imaginant ces différentes tensions imagées sortir de moi...

Je m'accorde quelques instants de récupération, d'accueil de ce nouvel état...
Je peux faire cet exercice trois fois en prenant ce temps de récupération et d'accueil.

S'étirer pour se relâcher

Je m'installe confortablement assis. Je porte attention à mes points de contacts sur la chaise, sur le sol. Je prends contact avec ma respiration spontanée, naturelle. En étant concentré sur ma respiration, j'imagine qu'elle devient abdominale au fur et à mesure... Comme si la détente pouvait s'installer à chaque expiration et que ma respiration pouvait descendre dans l'abdomen.
Puis je prends une profonde inspiration, je retiens ma respiration et j'étire mon corps, les bras écartés loin derrière ma tête, mes jambes, mon buste comme pour étirer le corps le plus possible.
Je souffle en reprenant la position initiale.
Je m'accorde quelques instants de récupération, d'accueil de ce nouvel état...
Je peux faire cet exercice trois fois en prenant ce temps de récupération et d'accueil.

Lâcher

Debout, je prends le temps de prendre contact avec mes appuis sur le sol... Je les détaille. Le pied droit, le pied gauche... Je ferme les yeux...
Puis, avec l'intention vraie de lâcher, je vais commencer à sautiller sur place, légers rebonds en laissant le haut de mon corps relâché... Je laisse mes bras aller où bon leur semble, comme un pantin désarticulé... Je sautille le temps nécessaire et me pose, bien en appui sur mes deux pieds, bien ancrés.
Je m'accorde du temps pour percevoir les battements de mon cœur, les sensations dans mes jambes, le rythme de ma respiration, les sensations dans mes bras.

Je peux recommencer cet exercice deux fois encore en prenant le temps de m'observer entre les répétitions et le temps de récupérer une respiration calme, un rythme cardiaque apaisé…

Exercices de visualisation positive

Ancrer un état

Je m'installe confortablement, assis. Je laisse mon corps se poser. Je ferme les yeux. Je prends contact quelques instants avec ma respiration. Je desserre ma mâchoire, relâche mes épaules, mes mains et mes cuisses. Je porte attention à ma position.

J'adopte une respiration abdominale et à chaque expiration, je pense « je suis tout à fait calme »…

Je porte attention à ma tête, mon visage. Je relâche les muscles de mon visage, mon front, mon nez, mes joues, mes lèvres, mon menton, ma langue et les muscles de mes mâchoires… Je détends ma nuque, les muscles de mon cou, mes épaules, mes bras, mes mains jusqu'au bout des doigts…

Puis, pendant quelques instants, je sers le pouce et l'index d'une main… J'expire profondément et je laisse venir à moi l'image d'un endroit que j'aime… Je mémorise cette image…

Je détends mon thorax et à l'intérieur, je perçois les battements calmes et réguliers de mon cœur… Je respire…

Je détends mon dos, de la nuque au bassin…

Je détends mon ventre…

Je laisse mon bassin se poser davantage… Je le laisse se détendre…

Puis, je relâche mes cuisses, mes mollets, mes pieds jusqu'au bout de mes orteils…

Je relâche tout mon corps…

Je sais qu'à partir de maintenant, chaque fois que je sentirai le stress m'envahir, il me suffira de serrer les doigts, de souffler ou d'imaginer mon lieu de détente pour qu'immédiatement, je me détende… Exactement comme maintenant.

Au rythme qui est le mien, je vais reprendre contact avec la pièce dans laquelle je me trouve, contact avec les bruits extérieurs... En prenant tout le temps qui m'est nécessaire, je commence à remettre mon corps en mouvement en commençant par bouger mes mains, mes pieds... J'éprouve peut-être le besoin de bailler, de m'étirer et lorsque je suis parfaitement prêt, je peux ouvrir les yeux.

Ma fiche conseil

Zoom sur...

Le stress n'est pas l'apanage de l'homme

Les animaux qu'ils soient domestiques, d'élevage ou sauvages sont également soumis au stress.

La chasse et la pêche apparaissent comme évidemment stressants pour les animaux sauvages. Les luttes de territoire, hiérarchiques ou de reproduction ainsi que la séparation d'avec le groupe (pour les animaux vivant en meute) peuvent être également une source non négligeable de stress.

Les animaux élevés en batterie ou élevage industriel sont soumis à un grand stress dû à la promiscuité et à un mode de vie immobile.

Pour les animaux domestiques, le stress peut se manifester lors d'un déménagement, un changement de rythme de vie, d'alimentation ou encore l'arrivée d'un nouvel animal voire d'un nouvel humain dans la maison. En présence de plusieurs animaux, il peut y avoir lutte de territoire et lutte hiérarchique.

L'animal soumis à un stress inhabituel peut devenir anxieux avec des troubles digestifs et du comportement (toilettage excessif, agressivité, tête qui se balance...).

Les plantes peuvent également subir le stress par une chaleur excessive ou au contraire un froid polaire, un manque d'eau ou des agressions extérieures (herbivores).

Pensez-y

Apprendre à écouter son corps et son mental

Afin de mieux gérer son stress, la priorité est de savoir/pouvoir identifier ses signes et leur intensité.

Le tableau suivant présente une liste non exhaustive des signes récurrents les plus courants qui peuvent s'apparenter aux symptômes du stress.

Il reste patent qu'une consultation médicale peut s'avérer nécessaire si ces signes persistent.

Les signes physiques (présence de)	Les signes émotionnels ou mentaux	Les signes comportementaux
• Tensions musculaires • Problèmes digestifs ou d'appétit • Problèmes de sommeil • Maux de tête • Vertiges • Souffle court • Fatigue	• Agitation • Irritation • Indécision • Inquiétude • Anxiété • Manque de joie • Mélancolie • Baisse de libido • Difficultés à se concentrer • Baisse de l'estime de soi	• Perception négative de la réalité • Désorganisation • Difficultés relationnelles • Absentéisme • Tendance à s'isoler • Abus de télévision • Consommation accrue de tabac, alcool, café, chocolat • Évitement de situations exigeantes

Zoom sur…

Partir du bon pied…

Le matin peut être une merveilleuse occasion de prendre soin de son état interne.

Dans un premier temps, prendre le temps de bien se réveiller, mettre doucement son corps en mouvement, s'étirer, bailler avant de se lever…

Puis, dans la mesure du possible, prendre sa douche en conscience, c'est-à-dire être là, présent à son corps, à l'action de se laver, de prendre soin de soi (au lieu, la plupart du temps de penser déjà à toutes les choses à faire dans la journée ; cela crée une projection qui peut être associée à des agents stressants).

Il est également possible de se sourire avant de quitter la salle de bains et pourquoi pas de se souhaiter une bonne journée !

Pensez-y

Phobies : d'abord gérer l'angoisse

Transports, foule, araignées, serpents, pigeons… Autant de phobies possibles…

S'il convient, en l'occurrence de prendre en charge les phobies avec un accompagnement digne de ce nom (parfois pluridisciplinaire), il est d'abord important d'identifier l'impact de la phobie sur le quotidien. L'identification des manifestations corporelles (palpitations, sueurs, tremblements, etc.) pourront aider le sophrologue à proposer des exercices pertinents dans leur intention. Le fait de poser un objectif réaliste à atteindre est également essentiel pour une prise en charge optimale.

Là aussi, l'autonomie prise par le sujet grâce à l'entraînement pourra s'avérer déterminant dans l'atteinte de l'objectif.

Chapitre 3

SOPHROLOGIE ET PRÉPARATION MENTALE

La préparation mentale aide à la gestion d'un événement anxiogène. Une compétition ou un examen sont des moments de l'existence durant lesquels certaines personnes éprouvent des difficultés à gérer leur « stress » ou leurs émotions. L'enjeu de ces « rendez-vous » lié à l'incertitude du résultat escompté peut entraîner de l'anxiété, en général, sous forme d'anticipations mentales négatives. Ces représentations négatives pourront engendrer une diminution plus ou moins significative des capacités le jour de l'échéance.

En effet, l'anxiété ne retentit pas uniquement au plan physiologique, elle peut aussi modifier certaines réponses comportementales.

La préparation mentale pour la prise de parole en public s'adresse à toutes les personnes qui, de façon ponctuelle ou régulière, sont amenées à se mettre en « représentation ». Les artistes, les candidats à un entretien d'embauche ou encore l'étudiant à l'approche d'une épreuve orale ou encore le collaborateur devant animer une réunion exceptionnelle.

Tremblements, palpitations, bouche sèche, mains moites, boule à l'estomac, esprit confus, trous de mémoire, autant de signes du trac qui peuvent paralyser.

La préparation à une prise de parole en public implique le corps et l'esprit à parts égales car le trac n'est pas raisonnable, il s'attaque en l'ensemble de l'individu, le trac se voit !

Il est important de préciser qu'il existe ce trac paralysant qui motive la préparation mais aussi le trac qui rend meilleur ceux qui le vivent. Ainsi, les grands orateurs peuvent tout à fait avoir le trac sans pour autant en souffrir.

Au-delà de la gestion de l'anxiété, des émotions, la préparation mentale pourra également développer certaines capacités comme la confiance en soi, la confiance en son corps, la concentration ou la motivation.

La préparation mentale s'effectue en parallèle du travail habituel pour préparer spécifiquement l'événement. Si elle est un merveilleux complément, il serait utopique de penser qu'elle est suffisante ! Elle crée simplement les conditions psychologiques favorables à l'expression du plein potentiel que l'anxiété peut diminuer.

Les outils sophrologiques

La sophrologie est une méthode qui s'appuie sur trois piliers : la respiration, le relâchement musculaire et la visualisation mentale.

Exercices de respiration

Se libérer de l'anxiété

Je m'installe debout ou assis dans une position confortable au calme. Je ferme les yeux. Je décide que ce temps est pour moi, ce temps pour me reconnecter avec mes ressources.
Je peux poser mes mains sur mon ventre pour mieux ressentir les mouvements, l'amplitude et le rythme de ma respiration.
J'inspire et j'expire lentement et profondément quelques instants.
Puis, je laisse mes bras retomber le long du corps.
Une première fois, j'inspire en montant mes bras à l'horizontale, je retiens ma respiration et secoue mes poignets... Lorsque la rétention est suffisante, je souffle en laissant mes bras redescendre le long du corps.
Une deuxième fois, j'inspire en montant mes bras à l'horizontale, je retiens ma respiration et secoue mes poignets comme pour enlever une matière collante du bout de mes doigts... Lorsque la rétention est suffisante, je souffle en laissant mes bras redescendre le long du corps.
Et une troisième fois, j'inspire en montant mes bras à l'horizontale, je retiens ma respiration et secoue mes poignets comme pour enlever le résidu de cette matière collante du bout de mes doigts... Lorsque la rétention est suffisante, je souffle en laissant mes bras redescendre le long du corps.
Je prends tout mon temps entre les répétitions pour accueillir les informations qui me parviennent et l'évolution de ces informations.
J'accueille ma capacité à me libérer de l'anxiété...

Se réaxer

Je m'installe debout, les pieds parallèles, jambes légèrement écartées. Je prends conscience de mes appuis dans le sol, les appuis du pied droit, du pied gauche.

Je ferme les yeux. Je décide que ce temps est pour moi, ce temps pour me reconnecter avec mon corps.

Je prends quelques instants pour prendre conscience de ma posture debout, de ma verticalité.

Je me concentre sur ma respiration naturelle spontanée.

J'inspire et j'expire lentement et profondément quelques instants.

Je porte le poids de mon corps sur le côté droit, j'inspire en montant mon bras droit à la verticale, je retiens ma respiration et j'étire mon côté droit (le côté gauche est au repos), je souffle en laissant mon bras retomber.

Je reviens dans ma position de départ.

Je m'accorde quelques instants pour accueillir les premières sensations sur mon côté droit.

Une deuxième fois, je porte le poids de mon corps sur le côté droit, j'inspire en montant mon bras droit à la verticale, je retiens ma respiration et j'étire mon côté droit (le côté gauche est au repos), je souffle en laissant mon bras retomber.

Je reviens dans ma position de départ.

Je m'accorde quelques instants pour accueillir les différences de sensations entre mon côté droit et mon côté gauche.

Une troisième fois, je porte le poids de mon corps sur le côté droit, j'inspire en montant mon bras droit à la verticale, je retiens ma respiration et j'étire mon côté droit (le côté gauche est au repos), je souffle en laissant mon bras retomber.

Je reviens dans ma position de départ.

Je m'accorde tout le temps nécessaire pour accueillir toutes les sensations, les informations qui émergent de mon côté droit y compris la sensation d'asymétrie du corps.

Je porte le poids de mon corps sur le côté gauche, j'inspire en

montant mon bras gauche à la verticale, je retiens ma respiration et j'étire mon côté gauche (le côté droit est au repos), je souffle en laissant mon bras retomber.
Je reviens dans ma position de départ.
Je m'accorde quelques instants pour accueillir les premières sensations sur mon côté gauche.
Une deuxième fois, je porte le poids de mon corps sur le côté gauche, j'inspire en montant mon bras gauche à la verticale, je retiens ma respiration et j'étire mon côté gauche (le côté droit est au repos), je souffle en laissant mon bras retomber.
Je reviens dans ma position de départ.
Je m'accorde quelques instants pour accueillir les différences, les ressemblances de sensations entre mon côté droit et mon côté gauche.
Une troisième fois, je porte le poids de mon corps sur le côté gauche, j'inspire en montant mon bras gauche à la verticale, je retiens ma respiration et j'étire mon côté gauche (le côté droit est au repos), je souffle en laissant mon bras retomber.
Je reviens dans ma position de départ.
Je m'accorde tout le temps nécessaire pour accueillir toutes les sensations, les informations qui émergent de mon côté gauche y compris la sensation de retour à une certaine symétrie du corps.
Puis avec l'intention de réaxer, d'harmoniser les sensations, j'inspire en montant les deux bras à la verticale, je retiens ma respiration et j'étire, les paumes de mains vers le ciel, les talons dans le sol...
Je m'accorde le temps nécessaire d'accueil de l'ensemble des sensations de symétrie du corps, d'harmonie.

Se mobiliser

Je m'installe debout, les pieds parallèles, jambes légèrement écartées.
J'inspire, je serre les poings, je retiens ma respiration... Je secoue mes épaules de haut en bas comme pour pomper jusqu'à éprouver le besoin de souffler... J'expire fortement en ouvrant les mains...

Je peux faire cet exercice trois fois dans l'intention de me remobiliser. Je prends le temps nécessaire pour moi entre chaque répétition pour accueillir mon état global de mobilisation, ma capacité d'action.

Poser sa voix

Je m'installe debout ou assis. Je prends contact avec ma respiration...

Je compte de 1 à 10 à haute voix.

Je prends quelques instants pour accueillir les sensations au niveau de ma bouche, mes mâchoires, ma gorge...

J'inspire, retiens ma respiration et effectue des rotations de la tête en respectant mes limites articulaires.

Je prends quelques instants pour accueillir les sensations au niveau de ma nuque et de ma gorge...

Je compte de 1 à 10 en murmurant.

Je prends quelques instants pour accueillir les sensations au niveau de ma bouche, mes mâchoires, ma gorge...

J'inspire, retiens ma respiration et effectue des rotations de la tête en respectant mes limites articulaires.

Je prends quelques instants pour accueillir les sensations au niveau de ma nuque et de ma gorge...

Je compte de 1 à 10 mentalement, en imaginant avoir la voix posée, claire, la qualité de voix que j'ai envie d'avoir.

Je prends quelques instants pour accueillir les sensations au niveau de ma bouche, mes mâchoires, ma gorge...

J'inspire, retiens ma respiration et effectue des rotations de la tête en respectant mes limites articulaires.

Je prends quelques instants pour accueillir les sensations au niveau de ma nuque et de ma gorge...

Je compte de 1 à 10 à haute voix pour constater les changements, les évolutions...

Je m'accorde encore quelques instants pour accueillir l'ensemble des sensations.

Maîtriser le mouvement

Je m'installe assis, de préférence le dos droit, les mains posées naturellement sur les cuisses. Je prends contact avec ma respiration naturelle. Je prends conscience de mes appuis sur la chaise, sur le sol. Je ferme les yeux.

À présent, je porte une attention particulière à ma tête. Je respecte mes limites articulaires durant tout l'exercice.

J'inspire, je retiens ma respiration, je penche doucement ma tête en arrière en prenant conscience de son poids, de son volume, je souffle en revenant lentement à la position initiale.

Je prends le temps d'accueillir les informations qui me parviennent.

Une deuxième fois, inspiration, rétention, je penche doucement ma tête en arrière en prenant conscience de ma nuque, de mon cou, je souffle en revenant lentement à la position initiale.

Je prends le temps d'accueillir les informations qui me parviennent.

Une troisième fois, inspiration, rétention, je penche doucement ma tête en arrière en prenant pleinement conscience de ma tête dans le mouvement, je souffle en revenant lentement à la position initiale.

Je prends le temps d'accueillir l'ensemble des informations qui me parviennent.

Puis, je porte une attention particulière à mes bras, en particulier le bras droit.

Une première fois, j'inspire, je retiens ma respiration et je lève mon bras droit à l'horizontale devant moi en m'intéressant à sa longueur, à son poids, à sa forme, je souffle en revenant à la position initiale.

Je prends le temps d'accueillir les informations qui me parviennent de mon bras droit.

Une deuxième fois, j'inspire, je retiens ma respiration et je lève mon bras droit à l'horizontale devant moi en m'intéressant à mon épaule droite, je souffle en revenant à la position initiale.

Je prends le temps d'accueillir les informations qui me parviennent de mon bras droit, de mon épaule droite et des différences de perception avec mon bras gauche.

Une troisième fois, j'inspire, je retiens ma respiration et je lève mon bras droit à l'horizontale devant moi en prenant pleinement conscience de mon bras droit dans le mouvement, je souffle en revenant à la position initiale.
Je prends le temps d'accueillir l'ensemble des informations qui me parviennent de mon bras droit, de mon épaule droite.
À présent, je vais m'intéresser à mon bras gauche.
Une première fois, j'inspire, je retiens ma respiration et je lève mon bras gauche à l'horizontale devant moi en m'intéressant à sa longueur, à son poids, à sa forme, je souffle en revenant à la position initiale.
Je prends le temps d'accueillir les informations qui me parviennent de mon bras gauche.
Une deuxième fois, j'inspire, je retiens ma respiration et je lève mon bras gauche à l'horizontale devant moi en m'intéressant à mon épaule gauche, je souffle en revenant à la position initiale.
Je prends le temps d'accueillir les informations qui me parviennent de mon bras gauche, de mon épaule gauche et des différences de perception avec mon bras droit.
Une troisième fois, j'inspire, je retiens ma respiration et je lève mon bras gauche à l'horizontale devant moi en prenant pleinement conscience de mon bras gauche dans le mouvement, je souffle en revenant à la position initiale.
Je prends le temps d'accueillir l'ensemble des informations qui me parviennent de mon bras gauche, de mon épaule gauche.
Dans l'intention d'harmoniser les perceptions, la conscience de mes deux bras, je vais inspirer, retenir ma respiration, lever les deux bras à l'horizontale devant moi en prenant conscience de mes deux bras en action, souffler en revenant à la position initiale.
Puis, je porte une attention particulière à mes jambes, en particulier ma jambe droite.
Une première fois, j'inspire, je retiens ma respiration et je lève ma jambe droite à l'horizontale devant moi en m'intéressant à sa

longueur, à son poids, à sa forme, je souffle en revenant à la position initiale.
Je prends le temps d'accueillir les informations qui me parviennent de ma jambe droite.
Une deuxième fois, j'inspire, je retiens ma respiration et je lève ma jambe droite à l'horizontale devant moi en m'intéressant à ma hanche droite, je souffle en revenant à la position initiale.
Je prends le temps d'accueillir les informations qui me parviennent de ma jambe droite, de ma hanche droite et des différences de perception avec ma jambe gauche.
Une troisième fois, j'inspire, je retiens ma respiration et je lève ma jambe droite à l'horizontale devant moi en prenant pleinement conscience de ma jambe droite dans le mouvement, je souffle en revenant à la position initiale.
Je prends le temps d'accueillir l'ensemble des informations qui me parviennent de ma jambe droite, de ma hanche droite.
À présent, je vais m'intéresser à ma jambe gauche.
Une première fois, j'inspire, je retiens ma respiration et je lève ma jambe gauche à l'horizontale devant moi en m'intéressant à sa longueur, à son poids, à sa forme, je souffle en revenant à la position initiale.
Je prends le temps d'accueillir les informations qui me parviennent de ma jambe gauche.
Une deuxième fois, j'inspire, je retiens ma respiration et je lève ma jambe gauche à l'horizontale devant moi en m'intéressant à ma hanche gauche, je souffle en revenant à la position initiale.
Je prends le temps d'accueillir les informations qui me parviennent de ma jambe gauche, de ma hanche gauche et des différences de perception avec ma jambe droite.
Une troisième fois, j'inspire, je retiens ma respiration et je lève ma jambe gauche à l'horizontale devant moi en prenant pleinement conscience de ma jambe gauche dans le mouvement, je souffle en revenant à la position initiale.

Je prends le temps d'accueillir l'ensemble des informations qui me parviennent de ma jambe gauche, de ma hanche gauche.
Dans l'intention d'harmoniser les perceptions, la conscience de mes deux jambes, je vais inspirer, retenir ma respiration, lever les deux jambes à l'horizontale devant moi en prenant conscience de mes deux jambes en action, souffler en revenant à la position initiale.

Exercices de relâchement musculaire

Expulser la tension (mentale, affective ou corporelle)

Je m'installe confortablement, assis. Je prends contact quelques instants avec ma respiration. Je prends contact avec mes points d'appui sur la chaise, sur le sol.
Je localise la tension, je l'identifie...
J'inspire afin de déplacer la tension.
Je retiens ma respiration afin de ramasser la tension.
J'expire fortement pour l'expulser...
Je pratique cet exercice sur chaque tension que j'identifie, que je repère...
Je peux globaliser cet exercice à l'ensemble de mon corps dans l'intention d'expulser les tensions résiduelles et harmoniser mon état de relâchement.
Je peux m'accorder quelques instants pour accueillir toutes les informations mentales, affectives, corporelles qui me parviennent...

Se relâcher

Je m'installe confortablement debout. Je prends contact quelques instants avec ma respiration. Je prends contact avec mes points d'appui sur le sol, les appuis du pied droit, du pied gauche.
Je prends une grande inspiration, je retiens l'air, je contracte l'ensemble mon corps, de la tête jusqu'aux pieds et j'expire fortement en relâchant la contraction.

Je m'accorde un moment pour accueillir les informations qui me parviennent de mon état de tension/détente.
Je peux faire cet exercice trois fois pour constater l'évolution, les changements de mon état global.
Je peux prendre du temps pour percevoir l'état de détente qui s'installe entre les répétitions.
Je peux m'accorder quelques instants pour accueillir toutes les sensations de relâchement...

Exercices de visualisation positive

Se détendre – Récupérer : Cycle inférieur du Training Autogène de Schultz

Très proche d'un exercice de sophrologie, le Training Autogène peut aider à retrouver le calme, à se concentrer sur ses propres sensations en les induisant et favorise la récupération.
Cet exercice demande un entraînement quotidien. Il propose de faire l'expérience corporelle de la pesanteur, de la chaleur, du contrôle du cœur, du contrôle respiratoire, de la chaleur abdominale, de la fraîcheur du front.
Ces différentes expériences peuvent se faire progressivement, l'une après l'autre. La pesanteur la première semaine, puis la pesanteur et la chaleur et ainsi de suite jusqu'à expérimenter l'ensemble et s'entraîner avec lui.
Cet exercice peut s'effectuer assis ou allongé.
Je m'installe confortablement, dans ma position de confort. Je laisse mon corps s'étaler. Je ferme les yeux. Je prends contact quelques instants avec ma respiration. Je desserre ma mâchoire, relâche mes épaules, mes mains et mes cuisses. Je porte attention à ma position.
Je suis calme, profondément calme. Je suis de plus en plus calme, parfaitement calme.

Mon bras droit devient lourd (gauche pour les gauchers),
Mon bras droit est agréablement lourd,
Mon bras droit devient de plus en plus lourd, confortablement lourd,
J'imagine qu'une pesanteur agréable se diffuse dans tout mon bras.
Mon bras gauche devient très lourd, de plus en plus lourd, agréablement lourd.
Mon bras gauche est agréablement lourd.
Ma jambe droite est agréablement lourde, de plus en plus lourde, ma jambe droite est confortablement lourde.
Ma jambe gauche devient lourde, confortablement lourde, ma jambe gauche est de plus en plus lourde.
Tout mon corps est lourd, une pesanteur agréable se diffuse dans l'ensemble de mon corps.
Je suis tout à fait calme.
J'imagine un rayon de soleil sur ma main droite. Ma main droite est agréablement réchauffée, elle devient de plus en plus chaude, confortablement chaude.
Un autre rayon de soleil vient réchauffer agréablement ma main gauche. Ma main gauche est de plus en plus chaude, agréablement chaude.
Mes deux mains sont agréablement chaudes, confortablement lourdes et chaudes.
Et je suis de plus en plus calme.
Je prends conscience de mon cœur.
Mon cœur est un organe fort, qui bat calmement, régulièrement.
Je me mets à l'écoute de mon cœur, organe vital, qui bat calmement et régulièrement.
Tout mon corps vit au rythme régulier de mon cœur qui bat calmement et régulièrement.
Je peux sentir mes artères battre calmement et régulièrement, en particulier au niveau de mon ventre.

Et je suis parfaitement calme.
Je prends conscience de la respiration calme et régulière.
Je suis toute respiration.
Je vis en harmonie avec ma respiration calme et régulière.
Tout mon corps respire calmement, régulièrement.
Et je suis de plus en plus calme et détendu.
J'imagine un rayon de soleil qui réchauffe mon plexus solaire.
Il devient agréablement chaud.
Cette chaleur se diffuse dans l'ensemble de mon corps.
Tout mon corps est agréablement chaud.
Je suis parfaitement calme et détendu.
Tout mon corps est agréablement lourd et chaud comme si j'étais confortablement assis au soleil.
Ma tête est protégée par un arbre, un chapeau, et un léger vent frais vient rafraîchir agréablement mon front.
Mon front est agréablement frais.
Je suis calme et détendu.
Je laisse venir à mon esprit une image, une pensée positive.
Au rythme qui est le mien, je vais reprendre contact avec la pièce dans laquelle je me trouve, contact avec les bruits extérieurs... En prenant tout le temps qui m'est nécessaire, je commence à remettre mon corps en mouvement en commençant par bouger mes mains, mes pieds... J'éprouve peut-être le besoin de bâiller, de m'étirer et lorsque je suis parfaitement prêt, je peux ouvrir les yeux.

Nourrir la motivation

Je m'installe confortablement, dans ma position de confort. Je laisse mon corps s'étaler. Je ferme les yeux. Je prends contact quelques instants avec ma respiration. Je desserre ma mâchoire, relâche mes épaules, mes mains et mes cuisses. Je porte attention à ma position. Je suis parfaitement calme.
Je peux laisser venir à moi une image, un lieu de détente en détaillant le plus de détails possible. Chaque détail me relaxe, de plus en plus...

Je formule clairement mon objectif. Je le situe dans le temps et dans l'espace.
J'imagine la réussite de mon projet.
J'imagine toutes les capacités que j'ai dû développer pour mener à bien mon projet... Qu'elles soient physiques, techniques, tactiques, intellectuelles... Je les énumère...
Je vis le plaisir d'avoir su utiliser toutes mes capacités, d'avoir su exploiter tout mon potentiel...
Je ressens tout ce qu'il y a à ressentir...
J'imagine, je ressens toutes les sensations de la réussite.
Au rythme qui est le mien, je vais reprendre contact avec la pièce dans laquelle je me trouve, contact avec les bruits extérieurs... En prenant tout le temps qui m'est nécessaire, je commence à remettre mon corps en mouvement en commençant par bouger mes mains, mes pieds... J'éprouve peut-être le besoin de bailler, de m'étirer et lorsque je suis parfaitement prêt, je peux ouvrir les yeux.

Se concentrer

L'entraînement bilatéral du cerveau est utilisé par les sportifs de haut niveau pour travailler leur concentration. Il est conseillé d'aller progressivement vers la totalité de l'exercice sous peine de démotivation... Cet exercice fait appel aux cinq sens. Il est intéressant pour affûter la concentration et également travailler un sens moins utilisé ou défaillant. Il est ici proposé simplifié.

Travail sur la vue

Je m'installe assis, dans une position confortable, les mains posées naturellement sur les cuisses. Je prends contact avec ma respiration naturelle. Je prends conscience de mes appuis sur la chaise, sur le sol. Je ferme les yeux.
Je reprends contact avec moi et m'accorde ce temps de travail détendu.
J'imagine, à un mètre devant moi, un tableau d'école.

Je commence à travailler avec mon œil droit, j'essaie de laisser mon œil gauche de côté, au repos...
Avec l'œil droit, je trace sur ce tableau un cercle dans le sens des aiguilles d'une montre. J'imagine ce cercle tracé sur ce tableau. Puis, je trace un cercle dans le sens inverse des aiguilles d'une montre. Je visualise ce nouveau cercle sur le tableau.
Je trouve peut-être qu'un sens est plus difficile que l'autre... Peu importe...
Avec l'œil droit toujours, je trace sur ce tableau un carré dans le sens des aiguilles d'une montre. J'imagine ce carré tracé sur ce tableau. Puis, je trace un carré dans le sens inverse des aiguilles d'une montre. Je visualise ce nouveau carré sur le tableau.
Avec l'œil droit encore, je trace sur ce tableau un triangle équilatéral dans le sens des aiguilles d'une montre. J'imagine ce triangle équilatéral tracé sur ce tableau. Puis, je trace un triangle équilatéral dans le sens inverse des aiguilles d'une montre. Je visualise ce nouveau triangle équilatéral sur le tableau.
Je prends un temps de récupération.
Avec l'œil gauche, je trace sur ce tableau un cercle dans le sens des aiguilles d'une montre. J'imagine ce cercle tracé sur ce tableau. Puis, je trace un cercle dans le sens inverse des aiguilles d'une montre. Je visualise ce nouveau cercle sur le tableau.
Je trouve peut-être qu'un sens est plus difficile que l'autre... Peu importe...
Avec l'œil gauche toujours, je trace sur ce tableau un carré dans le sens des aiguilles d'une montre. J'imagine ce carré tracé sur ce tableau. Puis, je trace un carré dans le sens inverse des aiguilles d'une montre. Je visualise ce nouveau carré sur le tableau.
Avec l'œil gauche encore, je trace sur ce tableau un triangle équilatéral dans le sens des aiguilles d'une montre. J'imagine ce triangle équilatéral tracé sur ce tableau. Puis, je trace un triangle équilatéral dans le sens inverse des aiguilles d'une montre. Je visualise ce nouveau triangle équilatéral sur le tableau.

Je prends un temps de récupération.
Toujours à l'aide de mon tableau d'école imaginaire, avec l'œil droit, je trace les lettres A, B, C, l'une après l'autre. Avec l'œil gauche, je trace les chiffres 1, 2, 3, l'un après l'autre.
J'essaie maintenant de le faire en même temps, A à droite, 1 à gauche ; B à droite, 2 à gauche ; C à droite, 3 à gauche. Je prends tout mon temps...
À présent, j'inverse. Je visualise les chiffres avec l'œil droit, les lettres avec l'œil gauche. 1 à droite, A à gauche ; 2 à droite, B à gauche ; 3 à droite, C à gauche.
Là encore, je remarque peut-être qu'une combinaison est plus délicate... Peu importe.
Avec l'œil droit, j'accueille une image à la campagne. Avec l'œil gauche, en essayant d'avoir les deux en même temps si possible, j'accueille une image à la montagne. Avec les deux yeux, j'accueille une image de skieur sur les pistes enneigées.
Avec l'œil droit, j'accueille une image de bateau, un voilier, sur une mer très calme. Avec l'œil gauche, l'image d'un chalutier sur une mer démontée. J'essaie d'avoir les deux images simultanément. Avec les deux yeux, j'accueille l'image d'un des bateaux sur une mer calme. Je vois un arc-en-ciel...
Avec l'œil droit, je vois l'image d'une forêt, avec l'œil gauche, l'image d'une plage très tranquille. Avec les deux yeux, j'accueille l'image que je veux, celle qui viendra...

Travail sur l'odorat

Sous mes yeux se trouve mon nez, qui me permet de respirer, de sentir les odeurs, les parfums. J'essaie de respirer un peu plus avec la narine droite, puis de respirer un peu plus avec la narine gauche. Avec les deux narines, j'essaie d'imaginer ou de percevoir le parfum d'une fleur que j'aime.
Avec la narine droite, j'essaie de percevoir l'odeur du café, avec la narine gauche, une odeur de chocolat chaud. J'essaie de percevoir les deux en même temps si possible.

Avec les deux narines, j'essaie de percevoir l'odeur d'un rôti bien chaud, qui sort du four, puis, toujours avec les deux narines, j'accueille l'odeur d'un aliment que j'aime.

Travail sur le goût

Sous mon nez se trouve ma bouche. Je me concentre à présent sur ma bouche, ma langue. Bouche fermée, je me concentre et prends contact pour connaître ou reconnaître ma bouche. Je fais le tour des faces de mes dents, de mes gencives, de mon palais. Je palpe avec la langue. Je sens la présence de la salive et elle a un certain goût. Je palpe l'intérieur de ma bouche.

À présent, j'accueille la saveur d'un plat que j'aime. Puis avec le côté droit de la bouche, j'accueille la saveur d'un bonbon à la menthe, avec le côté gauche une saveur sucrée, un fruit, ce que je veux. Avec les deux côtés, j'accueille une saveur salée, agréablement salée, puis une saveur un peu acide, acidulée, et puis j'accueille la saveur d'un aliment de mon choix.

Travail sur le toucher

À présent je vais pouvoir explorer le côté droit de mon corps. Pour cela, avec ma main droite, en commençant par la tête, en allant jusqu'au pied, je vais explorer le côté droit de mon corps en essayant de le reconnaître, je vais oser toucher mon corps, le côté droit avec la main droite. Je vais peut-être avoir des surprises, des choses que je n'attendais pas... Je vais jusqu'aux orteils, jusqu'au sol. Je peux prendre conscience également du tissu, du support de la chaise...

Et puis même chose avec ma main gauche. Je peux comparer les sensations que j'ai eues avec le côté droit. Et je termine avec le contact des zones que je n'ai pas pu toucher, mes avant-bras, mes coudes... Côté droit avec la main gauche, côté gauche avec la main droite.

Puis, dans ma main droite, j'imagine une boule, un peu lourde. Dans ma main gauche, j'imagine un petit sac de plumes. Je peux sentir la

lourdeur à droite, la légèreté à gauche. Et échanger, la boule dans ma main gauche, le petit sac dans ma main droite. Observer…
Puis dans ma main droite, j'imagine une boule de pétanque qui a passé l'après-midi au soleil, chaleur agréable… Dans ma main gauche, j'imagine une boule de neige bien tassée, bien fraîche. Chaleur agréable à droite, fraîcheur à gauche avec peut-être la sensation d'une fraîcheur humide puisque la boule de neige fond un peu dans ma main gauche. Et échanger, la boule de pétanque chaude dans ma main gauche, la boule de neige dans ma main droite.

Travail sur l'ouïe

Avec les deux oreilles, j'essaie d'imaginer, de percevoir un air de musique, un classique, jazz, plus moderne, celui que je veux. Avec l'oreille droite, j'essaie de percevoir, d'imaginer un air de musique militaire. Avec l'oreille gauche, je laisse venir un air de musique classique. Avec les deux oreilles, un air de musique moderne. Avec l'oreille gauche, j'essaie de percevoir une chanson de mon enfance, une chanson enfantine, ce qui viendra, avec l'oreille droite, la musique qui me fait plaisir.

Visualiser la prise de parole

Je m'installe confortablement dans la position dans laquelle je serai pour la prise de parole. Je ferme les yeux. Je prends contact quelques instants avec ma respiration. Je desserre ma mâchoire, relâche mes épaules, mes mains et mes cuisses. Je porte attention à ma position. Je suis parfaitement calme. Je peux même sourire.
Je laisse passer les idées parasites sans chercher à les chasser, elles passent tout naturellement…
Que je sois debout ou assis, je porte une attention toute particulière à mes appuis dans le sol, des appuis que j'imagine, que je ressens stables, ancrés.
J'envisage de soigner ma posture, le dos droit, le regard sûr…
Je me concentre à présent ma prise de parole, le plan, les idées directrices, le message que je souhaite faire passer…

Je pense à respirer tranquillement...
Je m'imagine en confiance, que je suis prêt à vivre ce moment pleinement, à en profiter...
Je m'imagine répondre aux éventuelles questions, toujours bien ancré dans le sol, sûr de mes appuis.
Au rythme qui est le mien, je vais reprendre contact avec la pièce dans laquelle je me trouve, contact avec les bruits extérieurs... En prenant tout le temps qui m'est nécessaire, je commence à remettre mon corps en mouvement en commençant par bouger mes mains, mes pieds... J'éprouve peut-être le besoin de bâiller, de m'étirer et lorsque je suis parfaitement prêt, je peux ouvrir les yeux.

Ma fiche conseil

Zoom sur...

L'objectif réaliste

Quel que soit l'événement anxiogène à préparer, il est important de formaliser cet événement sous forme d'objectif. Cet objectif sera formulé positivement ; il sera un objectif de soi à soi, c'est-à-dire qu'il ne dépendra pas d'un tiers ou de la conjoncture. Il sera évoqué dans un contexte précis et sans suggérer de notion de résultat. Il sera évidemment réalisable.

Exemples :

- ✓ « Je serai calme et concentré lors de mon entretien. »
- ✓ « Je serai serein lors de ma prise de parole en réunion. »

Cet objectif pourra être imagé par un emblème, un symbole ou une devise en deux ou trois mots.

Pensez-y

Le cerveau ne reconnaît pas la négation !

La façon dont le dialogue interne s'entretient peut s'avérer déterminante.

En effet, l'emploi de la négation (ne pas, ne plus) produit exactement l'inverse de l'objectif escompté.

Ainsi, pour le cerveau :
- ✓ « Je ne veux pas m'énerver » devient « Je veux m'énerver ».
- ✓ « Je ne perds pas mes moyens » devient « Je perds mes moyens ».

Il s'agit de privilégier des formulations positives.
- ✓ « Je veux rester calme. »
- ✓ « Je garde mes capacités. »

Dès que ce dialogue négatif est identifié consciemment, il s'agit de poser un STOP et de reformuler positivement la phrase.

Clin d'œil

Sarah Bernhardt recevant une élève comédienne…

« Mon petit, avez-vous le trac ?
— Non, Madame, je n'ai pas le trac.
— Rassurez-vous, cela viendra avec le talent. »

Zoom sur…

Ce que dit le corps

Convaincre un auditoire, emporter l'enthousiasme d'une équipe ou d'un potentiel employeur ou examinateur se font aussi et surtout avec l'attitude corporelle.

Ainsi, lorsque les mots évoquent l'ouverture, le développement ou encore la capacité d'adaptation, le corps devra aller dans ce sens : une posture souple et ferme à la fois, une impression d'enracinement fort, la partie supérieure du corps ouverte, les bras ouverts et sûrs.
S'ajoute à cette posture la voix qui se voudra posée, d'un volume adéquat à l'environnement.
À noter également, le soin qui pourra être apporté à son apparence vestimentaire et à son allure globale.
Si vous êtes convaincu, votre corps et votre esprit convaincus, alors, vous serez convaincant.

Pensez-y

Préparer sa prise de parole

Bien préparer sa prise de parole est important. Inutile d'écrire tout ce qui doit être dit. Un discours lu manque de spontanéité. Un plan et les idées directrices suffisent.

Il est également conseillé de répéter devant un miroir afin de pouvoir envisager l'ensemble de sa prestation. Durant les répétitions, un travail sur le débit ralenti de la parole pourra être effectué ainsi qu'un travail sur les silences. Bien utilisés, ils peuvent apporter de la force aux propos ou ramener de l'attention auprès d'un public dissipé.

Le regard franc et le sourire, vous êtes prêt !

Chapitre 4

SOPHROLOGIE ET SOMMEIL

L'homme consacre un tiers de sa vie au sommeil. Il représente un besoin archaïque qui participe grandement à un bon équilibre de vie. Un sommeil suffisant et réparateur reste le premier garant d'une bonne santé.

Le sommeil possède nombre de vertus ; apprentissages, mémorisation, recherche de stratégies d'adaptation et de ressourcement, renforcement du système immunitaire, régulation de l'humeur... L'ensemble de ces propriétés rend ce temps de repos capital si ce n'est vital.

Un sommeil de qualité et en quantité suffisante, adapté aux besoins de chacun, fait partie d'une bonne hygiène de vie et permet de réduire de façon durable les maux chroniques tels que stress, maladies psychosomatiques... Un bon sommeil permet également de meilleurs apprentissages et participe grandement à une meilleure mémoire.

Comprendre son fonctionnement peut aider à décrypter les différents troubles qui peuvent y être associés. Difficultés d'endormissement, insomnies, réveils nocturnes, autant de grains de sable dans une mécanique habituellement bien huilée.

Un sommeil bien rangé pour des informations bien ancrées

Chez l'homme, au cours d'une nuit, il est généralement observé trois à six cycles de sommeil de quatre-vingt-dix minutes environ (en fonction de la durée de la nuit). Chaque cycle est composé de cinq phases distinctes. Les quatre premières phases composent le sommeil dit « lent », la dernière phase est la phase du sommeil dit « paradoxal », c'est la phase essentiellement dédiée aux rêves.

Le sommeil débute par le sommeil dit léger puis passe rapidement au sommeil lent profond. Au bout d'environ quatre-vingts minutes, le sommeil paradoxal apparaît. Ces différentes phases constituent un cycle de sommeil. La première moitié d'une nuit de sommeil est particulièrement riche en sommeil lent profond, alors que la seconde moitié est principalement constituée par l'alternance de sommeil léger et de sommeil paradoxal.

Le sommeil est indispensable au bon fonctionnement du corps humain. En effet, dormir prodigue du repos au corps mais également à l'esprit bien plus qu'une simple récupération. Le sommeil sert à stocker toutes les informations, tous les apprentissages reçus dans la journée. Selon l'adage, la nuit porte conseil, le sommeil aide à faire le « tri » et à trouver des solutions. Il régénère le corps, renforce les capacités cognitives (mémoire, concentration...) et régule l'humeur.

Le sommeil contribue de toute évidence à un équilibre général, à une bonne santé.

Les troubles du sommeil les plus courants sont les difficultés d'endormissement, les réveils nocturnes et, enfin, les réveils précoces.

Il existe des pathologies du sommeil (apnée du sommeil, narcolepsie...). Il convient de consulter un médecin pour prendre en charge ces pathologies. La sophrologie pourra appuyer cette prise en charge.

Les différentes phases du sommeil

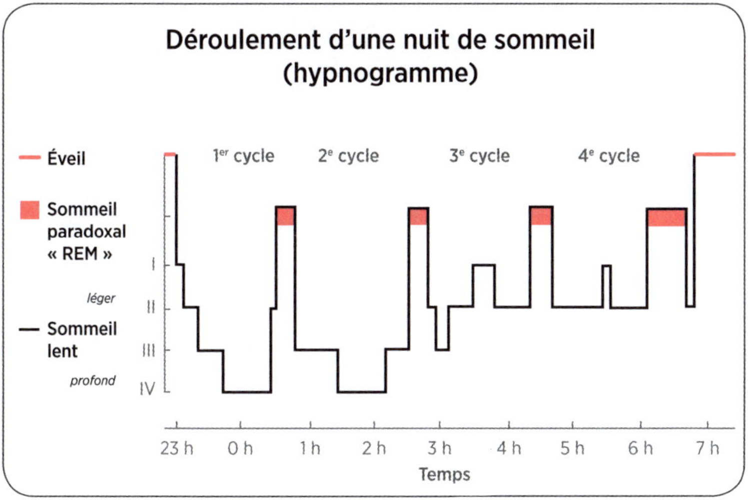

La somnolence

La somnolence est la phase d'endormissement (transition entre l'éveil et le sommeil) souvent précédée de bâillements. Cette phase note une baisse de la vigilance, du tonus musculaire et le rythme du cœur ralentit. Ce temps d'endormissement est considéré comme normal quand il est inférieur à vingt minutes. Au-delà, il s'agit d'une insomnie. Cette phase d'endormissement n'est jamais perçue, contrairement au réveil de celle-ci (endormissement devant la télévision).

Le sommeil léger

Le sommeil léger occupe environ la moitié du temps de sommeil total. Le sujet est assoupi, mais il est encore très sensible aux stimuli extérieurs. C'est la phase durant laquelle le dormeur pense ne pas dormir !

Le sommeil profond

Durant cette phase, les fonctions vitales se ralentissent pour atteindre un rythme lent et régulier. L'activité musculaire devient très discrète, les mouvements oculaires rares. Cette phase occupe presque deux heures de la totalité d'une nuit. C'est la phase la plus importante qui a tendance à diminuer avec l'âge. C'est aussi lors de cette phase que peuvent apparaître le somnambulisme ou encore les terreurs nocturnes.

Le sommeil paradoxal

C'est la phase durant laquelle l'activité du cerveau est la plus intense, proche de l'activité de l'éveil. Le reste du corps est atone, la respiration peut être irrégulière, le rythme du cœur également. Elle survient à chaque fin de cycle et son temps augmente au fur et à mesure des cycles. Le sommeil paradoxal correspond à environ un quart du temps total de sommeil. Bien qu'ils puissent survenir pendant le sommeil lent, cette phase est la plus propice aux rêves.

Les rêves ont longtemps été associés au sommeil paradoxal. En réalité, des études ont récemment prouvé qu'il est possible qu'ils soient présents dans les autres phases du sommeil. La qualité du souvenir des rêves faits durant la phase du sommeil paradoxal s'avère meilleure.

Les outils sophrologiques

La sophrologie est une méthode qui s'appuie sur trois piliers : la respiration, le relâchement musculaire et la visualisation mentale.
Pour bien s'endormir, dormir ou encore se rendormir, il s'agit d'utiliser à bon escient ces trois piliers sous forme d'outils dans le but d'évacuer les pensées et tensions négatives accumulées dans la journée.

Exercices de respiration

Compter la respiration : doubler le temps d'expiration pour amener le calme à soi...

Je m'installe dans une position confortable au calme (le calme n'est pas le silence). Je ferme les yeux. Je décide que ce temps est pour moi, qu'il va m'aider à retrouver le calme dans mon corps et dans mon esprit.
Je peux poser une main sur mon ventre pour mieux ressentir les mouvements, le rythme de ma respiration.
Et je compte les temps d'inspiration et d'expiration.
J'inspire... 1, 2, 3, j'expire... 1, 2, 3, 4, 5, 6.
Je laisse ma respiration reprendre son rythme naturel quelques instants et je reprends.
J'inspire... 1, 2, 3, j'expire... 1, 2, 3, 4, 5, 6.
Je laisse ma respiration reprendre son rythme naturel quelques instants et je reprends.
J'inspire... 1, 2, 3, j'expire... 1, 2, 3, 4, 5, 6.
Je laisse ma respiration reprendre son rythme naturel quelques instants et je reprends.
Je prends le temps de ressentir le calme, de percevoir le rythme cardiaque qui ralentit, la respiration qui se fait plus profonde...

Respirer en carré pour réoxygéner votre cerveau...

Je m'installe dans une position confortable au calme (le calme n'est pas le silence). Je ferme les yeux. Je décide que ce temps est pour moi, qu'il va aider mon cerveau à obtenir tout l'oxygène dont il a besoin.
Je peux poser une main sur mon ventre pour mieux ressentir les mouvements, le rythme de ma respiration.
Et je compte les temps d'inspiration, de rétention et d'expiration.
J'inspire... 1, 2, 3, 4, je retiens ma respiration... 1, 2, 3, 4, j'expire... 1, 2, 3, 4, je retiens ma respiration 1, 2, 3, 4.
Je laisse ma respiration reprendre son rythme naturel quelques instants et je reprends.
J'inspire... 1, 2, 3, 4, je retiens ma respiration... 1, 2, 3, 4, j'expire... 1, 2, 3, 4, je retiens ma respiration 1, 2, 3, 4.
Je laisse ma respiration reprendre son rythme naturel quelques instants et je reprends.
J'inspire... 1, 2, 3, 4, je retiens ma respiration... 1, 2, 3, 4, j'expire... 1, 2, 3, 4, je retiens ma respiration 1, 2, 3, 4.
Je laisse ma respiration reprendre son rythme naturel quelques instants et je reprends.
Je prends le temps de ressentir, d'observer tous les phénomènes qui se présentent...

Bien s'endormir

Je m'installe confortablement dans ma position habituelle d'endormissement. Je ferme les yeux. Je prends contact quelques instants avec ma respiration. Je desserre ma mâchoire, relâche mes épaules, mes mains et mes cuisses. Je porte attention à ma position, aux points d'appui de mon corps sur le matelas.
Je vais effectuer dix respirations en associant chaque chiffre à une partie du corps détendue.
J'inspire en formulant le chiffre, j'expire en détendant chaque partie du corps.
J'inspire 1, j'expire lentement, je détends mon visage.

J'inspire 2, j'expire lentement, je détends ma nuque.
J'inspire 3, j'expire lentement, je détends mes épaules.
J'inspire 4, j'expire lentement, je détends mes bras et mes mains.
J'inspire 5, j'expire lentement, je détends mon dos.
J'inspire 6, j'expire lentement, je détends ma poitrine.
J'inspire 7, j'expire lentement, je détends mon ventre.
J'inspire 8, j'expire lentement, je détends mon bassin.
J'inspire 9, j'expire lentement, je détends mes membres inférieurs.
J'inspire 10, j'expire, l'ensemble de mon corps est détendu.

Se recentrer sur votre respiration

Je m'installe dans une position confortable au calme (le calme n'est pas le silence). Je ferme les yeux. Je décide que ce temps est pour moi, qu'il va m'aider à retrouver le calme dans mon corps et dans mon esprit.
Je pose une main sur mon ventre pour mieux ressentir les mouvements, le rythme de ma respiration.
Et je vais simplement me laisser bercer par le rythme naturel et spontané de ma respiration sans chercher à le modifier.
Je répète mentalement : « Mon corps respire, je suis calme. »

Exercice de relâchement musculaire

Relâcher son corps et prendre conscience du relâchement

Je m'installe confortablement sur le dos, les bras le long du corps, les jambes décroisées... Lorsque c'est le bon moment, je ferme les yeux en guise de rupture avec le monde extérieur.
Je laisse venir à mon esprit le négatif de la journée (les embouteillages, un rendez-vous qui s'est mal passé) et ses répercussions sur mon corps. Je repère peut-être des endroits précis de mon corps qui sont plus tendus que d'habitude.
J'inspire profondément, je retiens ma respiration et contracte tous les muscles de mon corps de la tête jusqu'au bout des orteils et

j'expire fortement en imaginant que le négatif, les tensions s'évacuent grâce au souffle.
Je garde un temps pour accueillir les nouvelles sensations dans mon corps, au niveau des tensions repérées et dans les autres parties de mon corps...
Je répète ce même processus trois fois en gardant un temps entre chaque répétition pour constater les changements, les évolutions du relâchement dans mon corps et mon esprit.

Exercices de visualisation positive

Se souvenir d'une belle et bonne nuit

Je m'installe confortablement, dans ma position habituelle d'endormissement. Je laisse mon corps s'étaler. Je ferme les yeux. Je prends contact quelques instants avec ma respiration. Je desserre ma mâchoire, relâche mes épaules, mes mains et mes cuisses. Je porte attention à ma position, à la fermeté de l'oreiller, du matelas, à la douceur de la couette... (toutes les sensations qui appellent mon cerveau au sommeil)... Je laisse venir à mon esprit le souvenir d'une nuit durant laquelle j'avais eu des sensations délicieuses d'un merveilleux sommeil. Je laisse monter toutes ces sensations... (un réveil naturel, de bonne humeur et en pleine forme...).

Visualiser une bonne nuit de sommeil

Je m'installe dans ma position habituelle d'endormissement. Je ferme les yeux. Je prends conscience des appuis de mon corps sur le matelas. J'imagine l'empreinte de mon corps sur le matelas. Je porte attention au rythme de ma respiration et me laisse bercer par ce dernier. Je desserre ma mâchoire, relâche mes épaules, mes mains et mes cuisses. Je prends conscience que c'est tellement agréable de se détendre, bien installé. Je peux imaginer détendre chaque partie de mon corps par la seule puissance de ma pensée

en accentuant sur les mâchoires desserrées, les épaules relâchées, les mains souples, les cuisses apaisées...
Je me visualise m'endormant paisiblement, naturellement... J'imagine me voir dormir, calmement, profondément...
Et je me visualise au réveil, au lendemain de cette nuit au sommeil réparateur, peut-être peuplé de rêves merveilleux, en pleine possession de mes moyens, en pleine forme.

Se rendormir suite à un réveil nocturne

Après m'être peut-être levé pour soulager un besoin naturel ou pour boire un verre d'eau, je me réinstalle dans ma position d'endormissement, je ferme les yeux, me répétant plusieurs fois : « Super ! Encore XX heures à dormir. » (Et non pas : « Zut ! Plus que XX heures à dormir ! ») Je répète des phrases positives : « Que c'est agréable d'être là, dans mon lit », « Je vais rapidement me rendormir »... Je desserre ma mâchoire, relâche mes épaules, mes mains et mes cuisses. Je me concentre sur ma respiration et constate qu'elle s'apaise, prend un rythme plus profond... J'imagine la couleur du calme (préférer ici une couleur pastel) et je la diffuse dans l'ensemble de mon corps. J'imagine, à l'inspiration, que cette couleur emplit mes poumons et, à l'expiration, qu'elle se diffuse dans l'ensemble de mon corps.

S'endormir paisiblement

Les idées tournent en boucle, je ne parviens pas à m'endormir...
J'ajuste peut-être ma position d'endormissement et je me concentre quelques instants sur ma respiration... Je ferme les yeux. Je desserre ma mâchoire, relâche mes épaules, mes mains et mes cuisses. J'imagine que mon corps devient lourd, comme si je pouvais délicatement m'enfoncer dans le matelas... Comme dans un nuage... Et je m'imagine allongée dans un endroit agréable. Je contemple le ciel... J'observe les nuages, poussés par le vent... Ils défilent devant moi... Comme mes idées... Elles passent... Sans que je cherche à les chasser... Elles passent, comme ces nuages passent dans le ciel...

Ma fiche conseil

Zoom sur...

Quand le marchand de sable arrive...

Identifiez les signes qui vous informent qu'il est, pour vous, l'heure de dormir :

- ✓ bâillements ;
- ✓ paupières lourdes ou qui se ferment seules ;
- ✓ besoin de se frotter les yeux ;
- ✓ périodes d'inattention ou de brève perte de mémoire ;
- ✓ endormissements involontaires plus ou moins contrôlables au cours de la journée ;
- ✓ périodes de microsommeils (quelques secondes) inconscients ;
- ✓ irritabilité ;
- ✓ regard fixe ;
- ✓ lenteur de réaction ;
- ✓ désir fréquent de changer de position ;
- ✓ au volant : conduite de manière automatique, distractions majeures (manquer une sortie), dévier de la voie, difficultés à maintenir une vitesse constante, erreur de coordination, inattention à la signalisation, envie de dormir.

Apprendre à ressentir l'un ou plusieurs de ces signes vous aidera à prendre le train du sommeil à l'heure qui vous convient. Si vous « loupez » le train, il vous reste à attendre le suivant... qui arrive à quai dans environ une heure trente !

Pensez-y

Le sommeil est un élément essentiel de l'équilibre, de bonne santé et de bien-être

Une bonne nuit se prépare dans la mesure du possible dans la journée.
Une mauvaise nuit entraîne immanquablement une journée difficile…

Il convient donc d'éviter avant de se coucher (une heure avant) :

- ✓ d'avoir une activité physique intense ;
- ✓ de manger lourd et en abondance ;
- ✓ d'ingérer des produits stimulants (café, thé, alcool, nicotine…) ;
- ✓ de rester devant un écran (TV, jeux vidéo…).

Il convient à l'inverse de :

- ✓ favoriser l'exposition à la lumière du jour dans la journée et dormir dans l'obscurité. Cela favorise le cycle veille/sommeil ;
- ✓ aérer et rafraîchir la chambre, ce qui permet une réoxygénation du lieu. Cet oxygène alimentera l'hyperactivité du cerveau pendant la nuit ;
- ✓ si possible, s'éveiller avant le réveil. L'éveil naturel est à privilégier pour éviter le réveil brutal pendant une phase de sommeil profond ou paradoxal ;
- ✓ faire une sieste de dix à vingt minutes tous les jours, qui permet une régénération instantanée. Si la sieste n'est pas possible, s'accorder un moment pour soi avec des exercices de respiration peut être un bon substitut.

Test

Testez votre somnolence diurne avec l'échelle de somnolence d'Epworth[1]

Ce questionnaire a pour objet d'évaluer la somnolence subjective. Il est habituellement couplé avec les données objectives des enregistrements du sommeil.
Il vous donnera toutefois des indications sur votre dette en sommeil et la nécessité de modifier votre hygiène du sommeil.
Quelle probabilité avez-vous de vous assoupir ou de vous endormir dans les situations suivantes, indépendamment d'une simple sensation de fatigue ? Même si vous ne vous êtes pas trouvé récemment dans de telles circonstances, imaginez votre réaction.

Utiliser l'échelle suivante pour choisir le nombre le plus approprié à chaque situation.

0 = aucun risque de s'assoupir

1 = risque faible de s'assoupir

2 = risque moyen de s'assoupir

3 = risque élevé de s'assoupir

1. Johns MW (sleep 91 ; 14 : 540-45). *« A new method for measuring day time sleepiness: The Epworth sleepiness scale. Sleep ».*

Situations	Aucun risque	Risque faible	Risque moyen	Risque élevé
Assis en lisant	0	1	2	3
En regardant la télévision	0	1	2	3
Assis inactif en public (ex : théâtre, cinéma ou réunion)	0	1	2	3
Comme passager en voiture pendant une heure sans arrêt	0	1	2	3
Allongé l'après-midi pour faire la sieste si les circonstances le permettent	0	1	2	3
Assis et en discutant avec quelqu'un	0	1	2	3
Assis tranquillement après un repas sans alcool	0	1	2	3
Dans une voiture, après quelques minutes d'arrêt lors d'un embouteillage	0	1	2	3

Résultats :

- ✓ En dessous de 8 : vous n'avez pas de dette de sommeil.
- ✓ De 9 à 14 : vous avez un déficit de sommeil, revoyez vos habitudes.
- ✓ Si le total est supérieur à 15 : vous présentez des signes de somnolence diurne excessive. Consultez votre médecin pour déterminer si vous êtes atteint d'un trouble du sommeil. Sinon, changez vos habitudes.

Zoom sur...

Sophrologie et seniors

La pratique de la sophrologie peut être adaptée à tous les âges de la vie.

Pour le sommeil, si sa durée se réduit physiologiquement avec l'âge, l'idée de sa qualité peut tout à fait être entretenue avec la sophrologie.

Ainsi, un travail, étayé par le principe d'action positive (voir page 18), pourra amener les seniors à garder un sommeil réparateur et à garder la capacité de vitalité dans la journée. La pensée, plus globale, qu'ils peuvent encore être acteurs de leur vie, entretiendra leur motivation et leur envie.

Zoom sur...

Sophrologie et hypnose : késako ?

La sophrologie est souvent décrite comme sœur ou cousine de l'hypnose. En effet, Alfonso Caycedo a débuté ses travaux sur les états modifiés de conscience par l'expérimentation de l'hypnose. Fort de ses recherches, il a enrichi, modifié, puisé dans d'autres méthodes, orientales et occidentales, jusqu'à créer sa propre méthode.

Il existe donc des points communs mais également des différences entre l'hypnose et la sophrologie.

Ces deux techniques « travaillent » dans un niveau de conscience modifié et sont toutes deux des thérapies brèves.

Le sujet hypnotisé ou sophronisé garde à chaque instant son libre arbitre, il reste en capacité de refuser telle ou telle suggestion du praticien si cette dernière ne lui convient pas.

Les deux méthodes sont des moyens d'être en même temps très détendu et très concentré.

La grande différence entre l'hypnose et la sophrologie reste le point d'entrée. En effet, la sophrologie se veut dans une recherche d'harmonie entre le corps et l'esprit avec un objectif avoué de prise de conscience, de meilleure connaissance de soi.

L'hypnose, quant à elle, amène, par le biais de Milton Erickson, une vision positive de l'inconscient. L'inconscient, à qui le praticien s'adresse en hypnose, est un immense réservoir de ressources, parfois même ignorées du sujet lui-même.

Alors qu'en sophrologie, la prise de conscience amène le changement, en hypnose, le sujet ne comprend pas forcément comment les changements s'opèrent. L'important est que les changements s'opèrent.

Quoi qu'il en soit, ces méthodes peuvent être complémentaires. Le savoir-être et le savoir-faire du praticien sont indissociables et la qualité de l'accompagnement repose avant tout sur la qualité du lien entre le praticien et le sujet.

Chapitre 5

SOPHROLOGIE ET ACOUPHÈNES

D'après un sondage réalisé en 2014, un Français sur quatre souffrirait d'acouphènes. Qu'il soit chronique ou occasionnel, ce son étrange peut engendrer une véritable souffrance à la personne qui en est atteinte.

Trop souvent, les personnes souffrant d'acouphènes supportent ces douleurs et ces désagréments sans trouver de solution pérenne. La sophrologie est une méthode alternative qui permet de réduire l'anxiété engendrée par les acouphènes

Un son qui vient de l'intérieur

Un acouphène est une sensation auditive en l'absence de tout stimulus extérieur.

D'apparition soudaine ou progressive, l'acouphène peut se manifester par un sifflement, un bourdonnement, un tintement, un claquement, une note de musique, un jet de vapeur... Ce son peut être occasionnel, intermittent ou permanent. Il peut être plus ou moins intense en fonction du moment de la journée, des événements, des bruits environnants...

Ces sons peuvent être entendus dans la boîte crânienne, en périphérie, dans une ou les deux oreilles. L'acouphène résulte d'un dérèglement de la transmission du son au cerveau. Les causes de sa survenue sont multicausales et souvent bien difficiles à identifier.

L'intensité de la perception peut être liée à l'anxiété de la personne atteinte par l'acouphène.

De plus en plus reconnue et donc étudiée par la médecine, cette pathologie peut amener les personnes atteintes à un état de désarroi, voire dépressif, qu'il s'agit de prendre en charge avec le plus grand sérieux.

Il n'existe pas aujourd'hui de traitement médicamenteux pour « guérir » l'acouphène.

Cependant, la personne atteinte d'un acouphène perturbateur peut être aidée par un soutien spécialisé ayant pour but de l'amener à mieux tolérer et gérer son acouphène dans un objectif d'habituation.

Un accompagnement destiné à faire baisser l'anxiété liée à l'acouphène et/ou à l'environnement s'avère pour l'instant la seule voie de traitement.

Deux types d'acouphènes

L'acouphène objectif

Il concerne une faible proportion de personnes (environ 5 %). Il a la particularité d'être également perçu/entendu par le médecin lors de l'auscultation. Cet acouphène objectif est souvent « pulsatile », c'est-à-dire synchronisé avec le pouls.

L'acouphène subjectif

Il concerne la majorité des personnes atteintes. Les causes d'apparition sont complexes à identifier.

La complexité de cette pathologie réside dans le fait que seule la personne atteinte peut entendre l'acouphène. Elle éprouve donc un besoin premier de reconnaissance.

Le corps médical s'accorde aujourd'hui pour dire qu'il existe une cause organique même si elle n'est pas objectivable sur les différents examens.

Les personnes atteintes d'acouphènes peuvent remarquer, si ce n'est le facteur déclenchant du phénomène, du moins des facteurs aggravants ou apaisants. Certains ne vont pas supporter le silence, d'autres ne supporteront que le silence par exemple.

La perception de l'acouphène peut s'avérer très forte à certains moments de la journée, en lien avec des agents stressants divers ou un état de fatigue latent.

Commence alors la ronde du cercle vicieux de l'acouphène. Fatigue, anxiété, perception forte...

Comme la madeleine de Proust, les sons ramènent invariablement à des émotions. La façon dont le cerveau interprète le son entendu déclenche des réactions physiologiques, chimiques et émotionnelles porteuses de sens. Schématiquement, un acouphène apparu au cours d'un événement heureux sera mieux « vécu » qu'un acouphène apparu lors d'un événement traumatisant.

Les outils sophrologiques

La sophrologie est une méthode qui s'appuie sur trois piliers : la respiration, le relâchement musculaire et la visualisation mentale.
Dans l'idée de mieux vivre avec l'acouphène, il s'agit d'utiliser à bon escient ces trois piliers sous forme d'outils dans le but d'évacuer les pensées et tensions négatives accumulées dans la journée et de travailler sur l'habituation de ce compagnon qu'est l'acouphène.

Exercices de respiration

Observer sa respiration

Je m'installe confortablement, assis ou allongé au calme (je peux mettre une musique douce si le silence est trop pesant).
Je peux noter la présence de l'acouphène et déplacer mon attention sur ma respiration et à son trajet...
Je sens l'air un peu frais qui pénètre dans mes narines, passe dans ma trachée, emplit mes poumons... Cet air qui m'apporte la détente à chaque inspiration...
Et mes poumons se vident l'air repasse dans ma trachée et paraît plus tiède dans mes narines... Cet air qui évacue l'anxiété...
Je porte pleinement mon attention sur ma respiration...
Je prends le temps de ressentir la détente, de percevoir le rythme cardiaque qui ralentit, la respiration qui se fait plus profonde...
Je prends tout le temps qui m'est nécessaire pour me relier au monde extérieur...
Je reprends mes activités habituelles... Détendu...

Prendre de la distance

Je m'installe dans une position confortable au calme (le calme n'est pas forcément le silence). Je ferme les yeux. Je décide que ce temps est pour moi, qu'il va aider mon cerveau à faire le vide.

Je peux noter les bruits qui viennent de l'extérieur et aussi ceux qui viennent de l'intérieur...

Je peux poser une main sur mon ventre pour mieux ressentir les mouvements, le rythme de ma respiration.

Et je compte les temps d'inspiration, de rétention et d'expiration.

J'inspire... 1, 2, 3, je retiens ma respiration, 1, 2, j'expire... 1, 2, 3, 4, 5, 6, je retiens ma respiration 1, 2.

Je laisse ma respiration reprendre son rythme naturel quelques instants et je reprends.

J'inspire... 1, 2, 3, je retiens ma respiration, 1, 2, j'expire... 1, 2, 3, 4, 5, 6, je retiens ma respiration 1, 2.

Je laisse ma respiration reprendre son rythme naturel quelques instants et je reprends.

J'inspire... 1, 2, 3, je retiens ma respiration, 1, 2, j'expire... 1, 2, 3, 4, 5, 6, je retiens ma respiration 1, 2.

Je prends le temps de ressentir, d'observer tous les phénomènes qui se présentent...

Je peux, à mon rythme, me remettre en lien avec l'ici et maintenant.

Je peux reprendre mes activités habituelles.

Exercices de relâchement musculaire

Bâiller et s'étirer

Je m'installe confortablement sur le dos, les bras le long du corps, les genoux fléchis... Lorsque c'est le bon moment, je ferme les yeux en guise de rupture avec le monde extérieur.

Je note la présence de l'acouphène sans l'éveiller davantage.

Je prends contact avec ma respiration naturelle, avec mes points d'appui...

J'inspire doucement, je souffle par la bouche en l'ouvrant légèrement.

En gardant l'ouverture de ma bouche, j'inspire à nouveau et souffle en ouvrant ma bouche un peu plus.

Je pratique cette respiration jusqu'à ce que le bâillement arrive naturellement...
J'accueille le relâchement débutant au niveau de mes mâchoires.
Je prends le temps de m'étirer comme au sortir d'un bon sommeil...
J'accueille les sensations procurées par cet étirement
Je reproduis cet exercice encore deux fois...
Je prends le temps d'accueillir le relâchement au niveau de mes mâchoires et de l'ensemble de mon corps.

Relâcher sa nuque

Je m'installe debout ou assis, j'observe mon environnement (visuel, sonore et olfactif) et je ferme les yeux.
Je prends une grande inspiration, je retiens ma respiration et j'effectue des mouvements de droite à gauche, de gauche à droite, comme pour dire NON à la tension...
Je reviens en position initiale, tête droite et je souffle fortement comme si je pouvais expulser la tension grâce au souffle...
J'effectue cet exercice trois fois avec toujours cette intention vraie de dire NON à la tension...
Je prends tout le temps nécessaire entre chaque répétition pour accueillir les sensations, les informations et peut-être les affiner au fur et à mesure.
Je prends une grande inspiration, je retiens ma respiration et j'effectue des mouvements de haut en bas et de bas en haut, comme pour dire OUI au relâchement...
Je reviens en position initiale, tête droite et je souffle doucement comme si je pouvais diffuser le relâchement dans toute la sphère ORL grâce au souffle...
J'effectue cet exercice trois fois avec toujours cette intention vraie de dire OUI au relâchement...
Je prends tout le temps nécessaire entre chaque répétition pour accueillir les sensations, les informations et peut-être les affiner au fur et à mesure.

Exercices de visualisation positive

Apaiser les oreilles

Je m'installe confortablement. Je laisse mon corps s'étaler. Je ferme les yeux. Je prends contact quelques instants avec ma respiration. Je desserre mes mâchoires, relâche mes épaules, mes mains et mes cuisses. Je note la présence de l'acouphène sans l'éveiller davantage...

Je laisse venir à mon esprit un paysage apaisant...

Je prends le temps de détailler cet endroit en portant attention aux couleurs, à la lumière. Je perçois les odeurs, les parfums. J'entends les sons, les bruits, une musique agréable qui émanent de cet endroit. Je touche des éléments, des objets... Je suis pleinement dans cet endroit.

J'imagine à présent que tous les éléments sensoriels, que ce paysage peut se transformer en compresse magique.

J'imagine que cette compresse, riche de tous ces éléments apaisants, vient se déposer délicatement sur mon oreille. Les effets de ces éléments apaisants sont puissants...

Je suis apaisé...

Et en prenant tout le temps nécessaire, je reprends contact avec la pièce dans laquelle je me trouve, je remets mon corps apaisé en éveil... Je commence par bouger mes mains, mes pieds... J'éprouve le besoin de bâiller, de m'étirer. Et lorsque je suis parfaitement prêt, je peux ouvrir les yeux et reprendre mes activités habituelles.

Baisser le volume

Je m'installe dans ma position habituelle d'endormissement. Je ferme les yeux. Je prends conscience des appuis de mon corps. Je note la présence de l'acouphène. Je porte attention au rythme de ma respiration et me laisse bercer par ce dernier. Je desserre mes mâchoires, relâche mes épaules, mes mains et mes cuisses.

Je prends conscience que c'est tellement agréable de se détendre, bien installé. Je peux imaginer détendre chaque partie de mon corps par la seule puissance de ma pensée en accentuant sur les mâchoires desserrées, les épaules relâchées, les mains souples, les cuisses apaisées...

J'imagine à présent avoir le pouvoir de baisser le volume de l'acouphène. Pour cela, je vais poser un variateur imaginaire près de mon oreille... J'imagine ce variateur, sa forme arrondie, sa couleur, la graduation... Lorsque j'ai bien élaboré le variateur, je porte mon attention à la gradation actuelle de l'acouphène et décide de la baisser. Je tourne doucement le variateur jusqu'à parvenir à un volume qui me paraît satisfaisant, confortable...

Je prends le temps d'accueillir toutes les sensations au niveau de mes oreilles et également de mon corps tout entier.

Je prends conscience de ma capacité à baisser l'intensité de l'acouphène en me relâchant et en utilisant le pouvoir de mon imagination.

Et en prenant tout le temps nécessaire, je reprends contact avec la pièce dans laquelle je me trouve, je remets mon corps apaisé en éveil... Je commence par bouger mes mains, mes pieds... J'éprouve le besoin de bâiller, de m'étirer. Et lorsque je suis parfaitement prêt, je peux ouvrir les yeux et reprendre mes activités habituelles.

Ma fiche conseil

Zoom sur...

Les acouphènes en chiffres

D'après une enquête[1] effectuée au premier trimestre 2014 sur un échantillon représentatif de la population française de 900 personnes âgées de 16 et 75 ans :

- ✓ la perte de l'audition apparaît comme la quatrième source d'inquiétude concernant la santé ;
- ✓ pour 52 % des personnes interrogées, l'exposition sonore élevée (travail, baladeur, concert...) est la raison principale de la perte de l'audition loin devant le vieillissement (27 %).

1 personne sur 2 connaît quelqu'un qui souffre d'acouphènes.

50 % des sondés ont déjà ressenti des acouphènes et 56 % parmi les jeunes de 16-34 ans.

51 % d'entre eux n'ont jamais consulté.

3 710 000 personnes sont atteintes d'acouphènes permanents.

12 290 000 personnes sont atteintes d'acouphènes de temps en temps.

Soit, au total, environ 16 millions de Français sont touchés par ce phénomène.

1. Sondage Ipsos réalisé à l'occasion de la 17e Journée nationale de l'audition (JNA).

Pensez-y

C'est dans la tête !

Le désarroi des personnes souffrant d'acouphènes peut provenir ou être accentué par la non-reconnaissance par l'entourage et le médecin de la souffrance occasionnée par ce bruit permanent.

France Acouphènes, sur son site Internet www.france-acouphenes.org, permet de matérialiser l'acouphène en proposant différents sons et fréquences.

Il est donc possible de faire « écouter » un acouphène. Cette écoute permettra sans doute de prendre la mesure de l'impact de cet acouphène sur le quotidien de la personne atteinte.

ÉCHELLE DES ACOUPHÈNES[1] (ASSOCIATION FRANCE ACOUPHÈNES)

Cette échelle n'a rien de scientifique, elle a été créée au fil de discussions sur Internet. Elle peut permettre à chacun de situer sa propre gêne par rapport à l'acouphène.

1. Je ne les entends que la nuit ou dans le calme.
2. Je les entends le jour et la nuit, mais ils ne me dérangent pas.
3. Je les entends le jour et la nuit, ils ne me dérangent que la nuit, je les oublie dans la journée.
4. Je les entends le jour et j'arrive parfois à les oublier, mais j'ai du mal à m'endormir la nuit.
5. Je les entends même quand des personnes parlent, je n'arrive pas à les oublier le jour, même dans une ambiance animée.
6. Je les entends même dans une rue bruyante.
7. Je les entends même dans une salle des fêtes bondée.
8. Aucun bruit ne les couvre, mais ils se calment par moments.
9. Aucun bruit ne les couvre, et ils sont toujours de la même intensité.
10. Je ne les oublie JAMAIS, et ils ne se calment jamais.

1. http://france-acouphenes.org

Chapitre 6

SOPHROLOGIE ET DOULEUR

Le seul mot « douleur » renferme encore en lui beaucoup de mystères. Selon le dictionnaire *Larousse* : « La douleur est une sensation pénible, désagréable, ressentie dans une partie du corps. C'est également un sentiment pénible, affliction, souffrance morale ; chagrin, peine. »
Selon l'IASP (*International Association for the Study of Pain*) : « La douleur est une expérience sensorielle et émotionnelle désagréable en réponse à une atteinte tissulaire réelle ou potentielle ou décrite en ces termes. »
La douleur est individuelle, subjective et intransmissible. La seule personne capable de la décrire est justement la personne qui la vit. Elle est malgré tout importante dans la vie d'une personne. Elle sert de « référence » aux douleurs futures.

Les différents types de douleurs

La douleur aiguë

La douleur aiguë joue un rôle d'alarme qui va permettre à l'organisme de réagir et de se protéger face à un stimulus mécanique, chimique ou thermique.
Fondamentalement, la douleur est utile. Elle met en alerte l'individu et l'invite à remédier à une situation dangereuse pour son intégrité. Ce rôle est retrouvé dans l'ensemble du monde animal : un stimulus désagréable entraînera une réaction de défense. Chez l'homme, la douleur a la même fonction en cas de douleur aiguë.
Une fois traitée, la douleur aiguë cède spontanément.

La douleur chronique

La persistance d'une douleur aiguë sur le long terme (trois-six mois) définit une douleur chronique. La douleur chronique, elle, n'apporte pas d'information d'alerte utile pour l'organisme. La douleur qui persiste devient alors une pathologie, indépendante de sa cause initiale et demandant à être traitée comme telle. La douleur chronique impacte généralement le sommeil, l'appétit et la libido.

La douleur neurogène

Les douleurs ne résultent pas de lésions tissulaires. Elles sont dues à une modification/altération du message douloureux. Les douleurs peuvent être permanentes sous forme de brûlures, de troubles de sensibilité tactile ou encore ressenties de façon fulgurante (décharges électriques).

La douleur psychogène

Ce type de douleur est d'origine psychique puisqu'il n'y a pas de lésion organique décelée.

L'exemple des douleurs « fantômes » (ressenties à la suite d'une amputation) montre qu'une sensation douloureuse peut être perçue sans causalité.

Ces douleurs sont bien réelles, il n'y a pas de « simulation » et elles peuvent être objectivées par plusieurs points. Des événements choquants rapprochés de l'apparition de la douleur, l'état émotionnel de la personne qui souffre ou encore la modification des rapports de la personne avec son entourage (éloignement ou rapprochement).

Les aspects de la douleur

À la lumière de ces explications, il est raisonnable de lier la douleur à l'émotion et/ou à la mémoire.
La douleur a deux aspects qu'il convient de considérer :
Un aspect sensoriel perçu par les sens intéroceptifs (voir Zoom sur... p. 108).
Un aspect émotionnel qui amène à chacun sa propre perception douloureuse et qui module cette dernière.

La composante émotionnelle

La notion de souffrance peut être ajoutée ici puisqu'elle représente l'aspect passionnel de la douleur. Si tous les hommes sont égaux au niveau neurophysiologique de la douleur, la dimension émotionnelle confère à la douleur un caractère aléatoire ; plus ou moins agréable, pénible, supportable. La perception de la douleur est unique selon les individus.
Quand elle dure, qu'elle devient chronique, la douleur peut même évoluer vers des états dépressifs.
Au cours du temps et en fonction du contexte environnemental, le seuil de perception ou de tolérance peut aussi changer pour une même personne.

L'interprétation de la douleur

L'interprétation de la douleur par une personne sera fonction de la compréhension de cette douleur, des souvenirs qui peut-être s'y rattachent et également de la reconnaissance de la douleur par le corps médical ou les proches. Cette interprétation module la composante émotionnelle et par là même la perception globale de la sensation douloureuse.

La douleur s'accompagne de modifications du comportement qui vont témoigner de la présence de la douleur.
Ces expressions de la douleur (grimaces, postures...) sont extrêmement variables selon les individus, allant de l'absence de plainte à une grande démonstration.
Les réactions positives, négatives ou l'incompréhension de l'entourage peuvent soulager ou accroître la souffrance.
Ces manifestations de douleur vont induire une gentillesse excessive ou au contraire le rejet de l'entourage. Ces conséquences positives (attention, apitoiement) ou négatives (conflits) peuvent renforcer ou diminuer la sensation douloureuse.

La notion culturelle

Les facteurs culturels, ethniques et religieux modifient la perception et l'expression de la douleur. Il existe peu de variations du seuil de perception mais essentiellement des niveaux de tolérance à la douleur entre individus de différentes cultures.

Les outils sophrologiques

La sophrologie s'intéresse à la globalité de l'individu. La prise en charge de la douleur se fera après consultation auprès d'un médecin en support d'un suivi médical.
Cette prise en charge s'attache à rompre le cercle vicieux de la douleur, à favoriser un état de calme, à rendre la personne autonome dans sa problématique douloureuse et à se défocaliser de la douleur pour s'intéresser à d'autres régions du corps, à d'autres sensations.
Cette technique apparaît comme un excellent complément dans une prise en charge globale.
L'importance d'être conscient de sa capacité à agir sur sa douleur reste déterminante.

Exercices de respiration

Compter la respiration

Je m'installe dans une position confortable au calme (le calme n'est pas le silence). Je ferme les yeux. Je décide que ce temps est pour moi, pour apporter à l'ensemble de mon corps tout l'oxygène dont il a besoin.
Je peux poser une main sur mon ventre pour mieux ressentir les mouvements, le rythme de ma respiration.
Et je compte les temps d'inspiration, de rétention et d'expiration.
Pour commencer, je soupire longuement...
J'inspire 4 secondes, je retiens ma respiration 8 secondes, j'expire... 1, 2, 3, 4, je retiens ma respiration 8 secondes.
Je laisse ma respiration reprendre son rythme naturel quelques instants et je reprends.
J'inspire 4 secondes, je retiens ma respiration 8 secondes, j'expire... 1, 2, 3, 4, je retiens ma respiration 8 secondes.

Je laisse ma respiration reprendre son rythme naturel quelques instants et je reprends.
J'inspire 4 secondes, je retiens ma respiration 8 secondes, j'expire... 1, 2, 3, 4, je retiens ma respiration 8 secondes.
Je laisse ma respiration reprendre son rythme naturel quelques instants et je reprends.
Je prends le temps de ressentir, d'observer tous les phénomènes qui se présentent...

Respirer entièrement

Je m'installe dans une position confortable, de préférence sur le dos, au calme (le calme n'est pas le silence). Je ferme les yeux. Je décide que ce temps est pour moi, qu'il va m'aider à prendre conscience de ma respiration complète.
Je prends contact avec ma respiration, peut-être en posant une main sur mon ventre... J'inspire profondément par le nez et souffle le plus lentement possible par la bouche...
Je prends conscience de ma respiration quelques instants...
J'inspire lentement par le nez en emplissant mon ventre, ma poitrine le plus possible...
Je retiens l'air quelques instants et j'expire très lentement en commençant par vider le haut de la poitrine, le thorax et enfin le ventre...
Je m'accorde quelques instants de récupération, d'accueil des sensations...

Expulser les pensées anxieuses

Je m'installe dans une position agréable au calme (le calme n'est pas le silence). Je ferme les yeux. Je décide que ce temps est pour moi, qu'il va m'aider à me débarrasser des pensées négatives liées à la sensation douloureuse.
Je pose une main sur mon ventre pour mieux ressentir les mouvements, le rythme de ma respiration.

Et je vais simplement me laisser bercer par le rythme naturel et spontané de ma respiration sans chercher à le modifier.
Je décide d'envoyer loin de moi les pensées négatives à chaque expiration.
Je peux donner à ces pensées une couleur, une texture pour mieux visualiser ces pensées négatives qui sortent de mon esprit.
J'inspire profondément par le nez, je retiens l'air quelques instants et souffle fortement toutes les pensées négatives...
Je peux faire cet exercice trois fois...
Je m'accorde quelques instants pour accueillir la paix intérieure.

Exercice de relâchement musculaire

« Nettoyer » son corps en expulsant le négatif

Je m'allonge confortablement sur le dos, les bras le long du corps, les jambes décroisées... Lorsque c'est le bon moment, je ferme les yeux en guise de rupture avec le monde extérieur.
Je repère les pensées anxieuses ou encore les tensions corporelles inutiles.
Je peux donner une couleur, une texture ou encore un mot à ce négatif dont je souhaite me débarrasser.
Je repère peut-être des endroits précis de mon corps qui sont plus tendus que d'habitude.
J'inspire profondément, je retiens ma respiration et exerce une tension douce sur tous les muscles de mon corps de la tête jusqu'au bout des orteils et j'expire fortement en imaginant que le négatif, les tensions s'évacuent grâce au souffle.
Je garde un temps pour accueillir les nouvelles sensations dans mon corps, au niveau des tensions repérées et dans les autres parties de mon corps...
Je répète ce même processus trois fois en gardant un temps entre chaque répétition pour constater les changements, les évolutions du relâchement dans mon corps et mon esprit.

Exercices de visualisation positive

Cultiver son image ressource

Je m'installe confortablement, dans ma position habituelle d'endormissement. Je laisse mon corps s'étaler. Je prends contact quelques instants avec ma respiration. Je desserre ma mâchoire, relâche mes épaules, mes mains et mes cuisses. Je relâche mon corps autant qu'il est possible. J'ai peut-être des pensées parasites qui m'empêchent de me détendre complètement. Je les laisse passer en m'imaginant qu'elles sont emportées par un cours d'eau ou encore par des nuages passant dans le ciel.

Je m'imagine un endroit que j'aime. C'est peut-être un endroit connu, peut-être un endroit imaginaire...

Je détaille naturellement cet endroit... Je laisse venir à mon esprit les couleurs, les tons, la lumière... Je me laisse imaginer les bruits, les sons, les mélodies qui proviennent de cet endroit... J'en perçois les odeurs... Je peux même sentir le contact d'objets, d'éléments de la nature...

J'imagine capter tout le positif qui émane de cet endroit...

Je m'aide de ma respiration pour ancrer ce positif.

J'inspire profondément, je retiens quelques instants ma respiration afin d'ancrer, de mémoriser le bien-être que cette image me procure, j'expire en m'imaginant que tout ce positif envahit l'ensemble de mon corps...

Au rythme qui est le mien, je vais reprendre contact avec la pièce dans laquelle je me trouve, contact avec les bruits extérieurs... En prenant tout le temps qui m'est nécessaire, je commence à remettre mon corps en mouvement en commençant par bouger mes mains, mes pieds... J'éprouve peut-être le besoin de bâiller, de m'étirer et lorsque je suis parfaitement prêt, je peux ouvrir les yeux.

S'autosoulager avec le froid ou avec la chaleur

Je m'installe dans une position confortable. J'imagine que mon corps laisse son empreinte sur le support choisi. Je porte attention au rythme de ma respiration et me laisse bercer par ce dernier. Je desserre ma mâchoire, relâche mes épaules, mes mains et mes cuisses. Je prends conscience que c'est tellement agréable de se détendre, bien installé. Je peux imaginer détendre chaque partie de mon corps par la seule puissance de ma pensée en accentuant sur les mâchoires desserrées, les épaules relâchées, les mains souples, les cuisses apaisées... Je me détends autant qu'il est possible.

Je me souviens à présent d'un moment durant lequel l'une de mes mains a été exposée à une source de fraîcheur (chaleur) agréable. Je laisse toutes ces sensations de fraîcheur (chaleur) revenir... Je me concentre sur ces sensations... J'ai la sensation que ma main devient fraîche (chaude), ma main est fraîche (chaude), de plus en plus... J'imagine que cette fraîcheur (chaleur) agréable va soulager la zone douloureuse de mon corps. Je pose ma main sur cette zone et constate que cette fraîcheur (chaleur) agréable me soulage...

Au rythme qui est le mien, je vais reprendre contact avec la pièce dans laquelle je me trouve, contact avec les bruits extérieurs... En prenant tout le temps qui m'est nécessaire, je commence à remettre mon corps en mouvement en commençant par bouger mes mains, mes pieds... J'éprouve peut-être le besoin de bâiller, de m'étirer et lorsque je suis parfaitement prêt, je peux ouvrir les yeux.

Choisissez ici la sensation qui, habituellement, vous soulage, vous apaise, fraîcheur ou chaleur.

Transformer la douleur

Je m'installe dans une position confortable. J'imagine que mon corps laisse son empreinte sur le support choisi. Je porte attention au rythme de ma respiration et me laisse bercer par ce dernier. Je desserre ma mâchoire, relâche mes épaules, mes mains et mes cuisses. Je prends conscience que c'est tellement agréable de se

détendre, bien installé. Je peux imaginer détendre chaque partie de mon corps par la seule puissance de ma pensée en accentuant sur les mâchoires desserrées, les épaules relâchées, les mains souples, les cuisses apaisées... Je me détends autant qu'il est possible.
Je me concentre sur la zone douloureuse. Je la situe, me la représente.
À présent, en prenant tout mon temps, en donnant le maximum de précisions, je donne une forme à ma douleur, je lui donne une couleur, une taille et enfin une sensation (élancements, pincements...).
Et je recommence : forme, couleur, taille, sensation.
Encore et encore, sa forme, sa couleur, sa taille, sa sensation...
Et j'observe que sa forme change, que sa couleur devient plus douce, plus nuancée, qu'elle devient plus petite, de plus en plus petite... Et je constate que la sensation a elle aussi changé...
Au rythme qui est le mien, je vais reprendre contact avec la pièce dans laquelle je me trouve, contact avec les bruits extérieurs... En prenant tout le temps qui m'est nécessaire, je commence à remettre mon corps en mouvement en commençant par bouger mes mains, mes pieds... J'éprouve peut-être le besoin de bâiller, de m'étirer et lorsque je suis parfaitement prêt, je peux ouvrir les yeux.

Utiliser l'image ressource

Je m'installe dans une position confortable. J'imagine que mon corps laisse son empreinte sur le support choisi. Je porte attention au rythme de ma respiration et me laisse bercer par ce dernier. Je desserre ma mâchoire, relâche mes épaules, mes mains et mes cuisses. Je prends conscience que c'est tellement agréable de se détendre, bien installé. Je peux imaginer détendre chaque partie de mon corps par la seule puissance de ma pensée en accentuant sur les mâchoires desserrées, les épaules relâchées, les mains souples, les cuisses apaisées... Je me détends autant qu'il est possible.
Je retourne avec plaisir dans mon imaginaire, dans mon image ressource... Je capte tout le positif de cette image...

Et j'imagine que cette image vient se déposer sur la zone douloureuse, inconfortable. Elle vient s'y déposer tout en douceur, comme un pansement magique. Elle vient entourer, recouvrir cette zone...
Au rythme de ma respiration, je vais pouvoir augmenter les effets apaisants de ce pansement magique...
J'imagine que ce pansement peut rester apposé sur cette zone le temps qu'il est nécessaire.
Au rythme qui est le mien, je vais reprendre contact avec la pièce dans laquelle je me trouve, contact avec les bruits extérieurs... En prenant tout le temps qui m'est nécessaire, je commence à remettre mon corps en mouvement en commençant par bouger mes mains, mes pieds... J'éprouve peut-être le besoin de bâiller, de m'étirer et lorsque je suis parfaitement prêt, je peux ouvrir les yeux.

Ma fiche conseil

Zoom sur...

Les sens

Il est couramment entendu que l'homme possède cinq sens : la vue, l'odorat, l'ouïe, le goût et le toucher. Ces sens englobent toutes les informations qui émanent de l'environnement, du monde extérieur.

Sont plus rarement évoqués/appris les sens intéroceptifs.

Ces sens informent des phénomènes se passant à l'intérieur du corps. D'une simple sensation de faim ou une sensation de forte douleur et également une sensation de relâchement musculaire.

Ces sens intéroceptifs regroupent :

- ✓ la kinesthésie : sensation de mouvement ;
- ✓ la somesthésie : sensation globale du corps ;
- ✓ les sensations vestibulaires : équilibre ;
- ✓ la cœnesthésie : sensations viscérales.

Pensez-y

Le cercle vicieux de la douleur

Le mécanisme de la douleur peut débuter avec l'anticipation anxieuse de la douleur. Cette anticipation va inconsciemment créer des tensions corporelles, modifier l'amplitude et le rythme de la respiration. Non seulement cette anticipation n'empêchera aucunement la douleur d'arriver et elle risque en plus d'amplifier son intensité… En effet, l'anxiété augmente la sécrétion d'hormones du stress. Ces mêmes hormones augmentent les tensions corporelles et la rapidité de l'influx nerveux. Le seuil de perception de la douleur s'en trouvera abaissé.

Le détournement de l'attention à la douleur est bien connu pour pouvoir atténuer et soulager la douleur. Une activité agréable peut, par exemple, faire oublier la douleur. À l'inverse, se focaliser sur la douleur en augmente l'importance.

Zoom sur…

La douleur, une vue de l'esprit

« Un ethnologue raconte que dans la société qu'il étudie, une femme sachant qu'il possède une trousse de secours lui amène son enfant dont elle dit qu'il a un léger "bobo" au pied, la mère comme l'enfant ne semblent pas considérer la blessure avec gravité. Lorsque l'ethnologue détache le bandage en feuille de bananier de l'enfant, il découvre avec stupéfaction que l'os de l'enfant, dont le pied ressemble, selon les termes de l'ethnologue, à "une masse gélatineuse", est aperçu. Dans cette même société, il est appelé une autre fois au chevet d'une petite fille souffrant d'une constipation. Ce dernier cas, d'une gravité moindre aux yeux de l'ethnologue, est considéré comme très grave par les membres de cette société du sud-ouest de la

Tanzanie car la constipation peut-être due à une action malveillante, par exemple celle d'un sorcier. »

Le Breton David, *Anthropologie de la douleur*, Métailié, 1995

? Idée reçue

Les hommes sont « douillets »

Vrai et faux. Ils sont moins douillets que les femmes en ce qui concerne les douleurs chroniques, neurogènes...

En revanche, ils le sont davantage pour les petits bobos. Sans doute, les stigmates d'une impossibilité d'expression de la douleur durant leur enfance car un « grand garçon, ça ne pleure pas » !

Zoom sur...

Les céphalées (maux de tête)

La migraine est un phénomène complexe, un ensemble de symptômes dont le mal de tête qui nécessite un suivi médical adapté associé à un traitement de fond.

Mesurer l'intensité de sa douleur de 0 à 10

✓ Prendre un temps pour se recentrer sur soi (contacts du corps, respiration).

- ✓ Donner mentalement une forme à sa migraine.
- ✓ Puis une couleur.
- ✓ Puis un son.
- ✓ Puis une sensation tactile.
- ✓ Recommencer en changeant forme, couleur, son, toucher.
- ✓ À refaire 6 ou 7 fois de plus en plus vite.
- ✓ Remesurer l'intensité qui généralement baisse d'au moins la moitié.

Cet exercice peut se faire à chaque fois que les premières sensations désagréables apparaissent.

Pensez-y

La douleur… Une aubaine

L'absence de sensation douloureuse expose à de nombreux dangers avec des risques de traumatismes passant inaperçus, surtout chez le nourrisson et le jeune enfant. En effet, les gestes les plus anodins de la vie quotidienne peuvent conduire à des blessures diverses plus ou moins profondes (la mastication par exemple peut entraîner des lésions de morsure des lèvres ou de la langue). Par ailleurs, les accès de fièvre ne sont pas régulés par la transpiration. Le diagnostic de la plupart des maladies est rendu difficile chez les patients atteints d'insensibilité congénitale à la douleur du fait de l'absence du symptôme d'alarme le plus commun qu'est la douleur.

Les patients doivent par conséquent être suivis médicalement et avoir un rythme de vie très strict. De nombreux métiers ou sports leur sont interdits et ils doivent se soumettre régulièrement à des visites médicales. Leur vie quotidienne est donc très contraignante par rapport au « gain illusoire » que représente l'absence de souffrance.

ÉCHELLES DE MESURE DE LA DOULEUR

Les échelles ci-après permettent aux professionnels de santé d'évaluer la douleur de l'enfant. Il en existe également destinées aux adultes.

L'échelle de Wong-Baker®[1]

Cette échelle est utilisée de façon courante en préhospitalier et aux urgences. Elle présente l'avantage d'être très graphique et elle est donc facilement et rapidement comprise par les enfants. Elle est utilisable à partir de l'âge de trois ans.

L'enfant désigne simplement le visage qui correspond le mieux à son état du moment. On lui demande par exemple : « Montre-moi le bonhomme qui a mal comme toi. »

1. Wong-Baker FACES® Pain Rating Scale, http://wongbakerfaces.org

L'échelle des visages de Bieri[1]

Dans le même esprit que l'échelle de Wong-Baker, elle comporte un nombre supérieur de visages. Elle est de ce fait considérée comme plus sensible (plus précise) et plus fiable que la première.

La question à poser est la même que pour l'échelle précédente...

1. 2001, International Association for the Study of Pain (IASP), http://www.iasp-pain.org

Chapitre 7

SOPHROLOGIE ET SEXUALITÉ

Beaucoup de unes de magazines prônent aujourd'hui telle ou telle méthode afin de retrouver une sexualité épanouie. Cet épanouissement est-il universel ? Chaque homme ou femme y parvient-il(elle) par les mêmes biais ? Existe-t-il une méthode qui fonctionne à tous les coups ? Quelques points ou précisions restent pertinents sur le sens des mots ou les mots des sens. Du sujet tabou à la libération sexuelle la plus débridée, chacun voit la sexualité grâce à ses propres filtres, histoire, religion, vécu, expériences...

La sexualité reste l'un des fondements de la nature humaine. Elle reste le garant de l'épanouissement personnel. Les difficultés sexuelles rencontrées sont aujourd'hui plus facilement exprimées et peuvent être envisagées comme une difficulté de vie. Le sexe reste un sujet particulier, à part et tellement vaste. Les médias poussent à une modélisation par la performance et peuvent parfois induire les difficultés (différences hommes/femmes ; la taille de verge ou encore la frigidité). Avec les (trop) nombreuses sollicitations extérieures génératrices de stress, difficile de se détendre au moment de retrouver le secret de l'alcôve...

Difficile d'être disponible à soi et à l'Autre après une journée en *open space*... Passer un sas de décompression peut s'avérer utile afin d'évacuer les tensions internes qui sont inhibitrices du désir, du plaisir, de la rencontre.

Les difficultés de communication, de compréhension, de connaissance et d'acceptation de soi, l'impossibilité à trouver une harmonie, un équilibre sont à la base des mésententes ou troubles sexuels.

Les dysfonctions sexuelles

Qu'elles soient féminines ou masculines, les dysfonctions sexuelles (hormis problème médical objectivé) peuvent dénoter un stress latent venu d'un événement extérieur anxiogène (période de chômage, déménagement, surcharge de travail, deuil, pression excessive), en particulier l'absence de désir.

Cette absence de désir peut entraîner à sa suite nombre de dysfonctions tels les troubles de l'érection ou d'éjaculation ; douleurs à la pénétration par absence de lubrification ou absence d'orgasme. Il convient, en cas de souffrance notable et durable (trois-six mois), de consulter un spécialiste.

La sexualité se vit d'abord avec soi et le rapport à son propre corps, la connaissance, la reconnaissance de celui-ci. C'est bel et un bien une rencontre avec soi avant d'être l'occasion d'une rencontre avec l'Autre.

La sophrologie a pour rôle en l'occurrence de découvrir son propre corps et de l'accepter. L'harmonie avec le corps tout entier, être en accord avec soi-même est un bon début pour retrouver un équilibre sexuel heureux.

Les outils sophrologiques

La sophrologie est une méthode qui s'appuie sur trois piliers : la respiration, le relâchement musculaire et la visualisation mentale.
Redonner du sens et des sens, redécouvrir sa sensualité propre peut être le début d'une redécouverte de sa sexualité ou le renforcement d'un érotisme déjà présent et bien vécu.

Exercices de respiration

Soupirer… de plaisir

Je m'installe dans une position confortable au calme (le calme n'est pas le silence). Je ferme les yeux. Je décide que ce temps est pour moi, ce temps pour me reconnecter avec moi-même.
Je peux poser mes mains sur mon ventre pour mieux ressentir les mouvements, l'amplitude et le rythme de ma respiration.
J'inspire lentement et profondément…
En ouvrant légèrement la bouche, j'expire en soupirant…
J'accueille ce soupir, les sensations qu'il me procure…
Je recommence à l'envi…

Respirer à deux…

Debout ou allongés, nous prenons un temps pour prendre contact avec notre respiration, avec les contacts, avec le corps de l'autre, de bien ajuster notre position… L'un de nous se positionne derrière, l'autre devant (position qui peut être inversée ensuite). Nous fermons les yeux.
Puis, délicatement, celui qui est placé derrière pose une main ou les deux sur le ventre de celui qui est positionné devant… Et il essaie d'adopter son rythme respiratoire.
Connexion par la respiration…

L'un est avec l'autre, dans son rythme vital.
Chacun prend le temps d'accueillir les sensations, les informations qui lui parviennent de l'autre, de lui-même…

Exercice de relâchement musculaire

Relâcher et éveiller le bassin

Je m'installe confortablement sur le dos, les bras le long du corps, les jambes décroisées… Lorsque c'est le bon moment, je ferme les yeux en guise de rupture avec le monde extérieur. Je prends quelques instants contacts avec ma respiration…
Je me concentre sur mon bassin…
J'imagine être couché sur une horloge (12 h 00 dirigé vers les pieds, 6 h 00 vers la tête).
Lentement, j'oscille mon bassin entre 12 h 00 et 12 h 30…
Découverte…
Toujours lentement, je balance mon bassin 12 h 00, 12 h15, 12 h 30, 12 h 45, 13 h 00 et je reviens à la position initiale pour accueillir la souplesse et les vibrations produites…
Je peux varier les plaisirs en oscillant 12 h 15, 12 h 45… Et accueillir encore…
Je peux prendre un temps pour laisser les sensations se propager à l'ensemble de mon corps relâché, disponible à l'écoute…
Respiration…
Et peut-être envisager de visiter le tour du cadran… Et découvrir de nouvelles sensations…

Exercices de visualisation positive

Se souvenir d'un moment de volupté

Je m'installe confortablement, dans ma position de confort. Je laisse mon corps s'étaler. Je ferme les yeux. Je prends contact quelques instants avec ma respiration. Je desserre ma mâchoire, relâche mes épaules, mes mains et mes cuisses. Je porte attention à ma position. Je laisse venir à mon esprit le souvenir d'un moment (sexuel ou non) durant lequel j'avais eu des sensations corporelles et/ou mentales délicieuses. Je laisse monter toutes ces sensations... (frissons, lâcher-prise, pensées érotiques, chaleur...). Je m'accorde du temps pour cela... Laisser toutes ces sensations exquises apparaître...

Au rythme qui est le mien, je vais reprendre contact avec la pièce dans laquelle je me trouve, contact avec les bruits extérieurs... En prenant tout le temps qui m'est nécessaire, je commence à remettre mon corps en mouvement en commençant par bouger mes mains, mes pieds... J'éprouve peut-être le besoin de bâiller, de m'étirer et lorsque je suis parfaitement prêt, je peux ouvrir les yeux.

Se reconnecter avec ses sens

Je m'installe en position assise, confortablement. Je suis vêtu légèrement. Je ferme les yeux. Je prends contact quelques instants avec ma respiration. Je desserre ma mâchoire, relâche mes épaules, mes mains et mes cuisses. Je porte attention à ma position.

Puis, je porte une attention toute particulière à ma tête, mon visage en prenant conscience de la forme, de la taille et du poids.

Pour renforcer cette conscience, je touche maintenant mon visage, ma tête. Comme si je les découvrais, comme si je les touchais pour la première fois...

Je vais étendre cette conscience à l'ensemble de mon corps... Je descends, je touche mon corps de différentes manières. Je descends de la tête jusqu'aux pieds. À mon rythme... Je peux m'attarder sur certaines parties de mon corps que je connais moins... Je m'accorde du temps pour me découvrir... J'accueille toutes les sensations du toucher.

Puis je porte une attention particulière à mon nez, à sa fonction et à l'odorat... Conscience de ma respiration tout d'abord... Je perçois l'air frais au bord de mes narines à chaque inspiration, l'air tiède à chaque expiration. Puis je laisse venir à moi une odeur, un parfum agréable (peut-être l'odeur de mon ou de ma partenaire). Je laisse monter les sensations que me procure cette odeur...

Je porte attention à présent à ma bouche, à sa fonction et au goût... J'imagine un goût que j'aime particulièrement, que je connais bien... Je laisse venir ce goût... Ce goût agréable dans ma bouche détendue, relâchée... Accueillir toutes les sensations de ce sens, le goût...

Je me concentre maintenant sur mes yeux, leur fonction et la vue... Pour cela, je pose délicatement mes doigts sur mes yeux... Je module avec délicatesse la pression exercée pour percevoir différentes impressions d'intensité de lumière, différentes images... J'observe les sensations de la vue...

Puis, pour plus de confort, je pose mes coudes sur mes cuisses, en déposant mes mains en coque sur mes oreilles... Attention particulière à mes oreilles, leur fonction et l'ouïe... Moduler la pression avec délicatesse pour prendre conscience des sons... Peut-être même laisser venir un son, une musique, un chant d'oiseau et faire vivre ce son en modulant la pression, vibration, résonance différentes... J'accueille les sensations reliées à l'ouïe...

Je reprends une position assise confortable.

Je relâche mon visage, mes épaules, mes bras, mon cou, ma nuque, mon abdomen, mon thorax et la partie inférieure de mon corps...

Puis j'inspire profondément en captant toutes ces sensations et je m'en imprègne en soufflant...

Je profite pleinement de ce moment... Dans cet état, je peux émettre un souhait, faire un vœu pour moi... Je vis profondément ce vœu.

Au rythme qui est le mien, je vais reprendre contact avec la pièce dans laquelle je me trouve, contact avec les bruits extérieurs... En prenant tout le temps qui m'est nécessaire, je commence à remettre mon corps en mouvement en commençant par bouger mes mains, mes pieds... J'éprouve peut-être le besoin de bâiller, de m'étirer et lorsque je suis parfaitement prêt, je peux ouvrir les yeux.

Imaginer le désir

Je m'installe confortablement, dans ma position de confort. Je laisse mon corps s'étaler. Je ferme les yeux. Je prends contact quelques instants avec ma respiration. Je desserre ma mâchoire, relâche mes épaules, mes mains et mes cuisses. Je porte attention à ma position. En imaginant une situation, une personne, je laisse monter en moi tous les signes du désir. Je prends le temps d'accueillir, de ressentir la chaleur à certains endroits de mon corps, peut-être que mes organes sexuels m'envoient des signes d'activation... Je laisse monter ce moment imaginaire en rapport avec mon désir, ma sexualité... Je peux m'aider avec une phrase positive que je me répète mentalement à l'expiration. Je m'emplis de ce désir à l'inspiration.

Je m'accorde du temps pour laisser monter, prendre conscience de chaque sensation.

Au rythme qui est le mien, je vais reprendre contact avec la pièce dans laquelle je me trouve, contact avec les bruits extérieurs... En prenant tout le temps qui m'est nécessaire, je commence à remettre mon corps en mouvement en commençant par bouger mes mains, mes pieds... J'éprouve peut-être le besoin de bâiller, de m'étirer et lorsque je suis parfaitement prêt, je peux ouvrir les yeux.

Ma fiche conseil

Zoom sur...

Le clitoris, cet illustre inconnu

Le clitoris est connu depuis l'Antiquité comme étant l'organe féminin exclusivement dédié au plaisir...

Il est, tout au long de l'Histoire, connu, nié, répudié puis reconnu... Sur les gravures ou illustrations médicales, il apparaît amoindri, disproportionné ou encore inexistant (la représentation anatomique complète du clitoris date de 1997).

Luttes idéologiques, religions, puritanisme, Freud... sont passés par là.

La science et plus particulièrement la médecine ont ignoré le clitoris à partir du moment ou elle a prouvé qu'il ne participait pas à la fécondation et/ou la procréation.

Aujourd'hui encore, près de 50 % des jeunes filles ignorent qu'elles en sont pourvues et une proportion non négligeable ignore son rôle érogène.

Pourtant, il possède plus de terminaisons nerveuses que n'importe quel autre organe.

À méditer...

Pensez-y

Libido = désir (latin)

La libido reste souvent réduite à la sexualité. La libido est en fait l'énergie, la pulsion de vie dans sa globalité. Elle peut se manifester dans l'envie de manger, d'échanger, de rencontrer d'autres personnes ou encore d'aller voir une exposition...

Une absence passagère de libido sexuelle est souvent due à un agent stressant extérieur (perte d'emploi, surmenage, déménagement, deuil...).

L'absence de libido sexuelle peut être sublimée. Certaines personnes n'ayant aucune sexualité la sublime dans le travail, la production artistique...

Chapitre 8

SOPHROLOGIE ET PRÉPARATION À LA NAISSANCE

Malgré la beauté et la joie qui se dégagent de la naissance, nombre de femmes redoutent ce moment et peuvent vivre leur grossesse de façon plus ou moins anxieuse.

La préparation mentale de cet heureux événement peut aider à atténuer l'anxiété qui se manifeste la plupart du temps sous forme d'anticipations mentales négatives.

Les différents maux de la grossesse, une évolution rapide du schéma corporel, la perspective de la naissance et d'être parent peuvent ajouter un surcroît d'anxiété.

Au-delà de la gestion de l'anxiété, des émotions, la préparation à la naissance par l'accompagnement sophrologique pourra développer certaines capacités comme la confiance en soi, la confiance en son corps, la vision positive de la naissance.

Cet accompagnement pourra se faire en complément d'un suivi gynéco-obstétrical en créant simplement les conditions psychologiques favorables à l'expression du plein potentiel en diminuant l'anxiété.

L'objectif de cette préparation (complète avec un sophrologue) sera de vivre pleinement la naissance de l'enfant, d'être pleinement actrice de cette mise au monde.

Les outils sophrologiques

La sophrologie est une méthode qui s'appuie sur trois piliers : la respiration, le relâchement musculaire et la visualisation mentale.

Exercices de respiration

Dire non à l'anxiété, oui à la sérénité

Je m'installe debout ou assise dans une position confortable au calme. Je ferme les yeux. Je décide que ce temps est pour moi, ce temps pour me reconnecter avec mes ressources.
Je peux poser mes mains sur mon ventre pour mieux ressentir les mouvements, l'amplitude et le rythme de ma respiration.
J'inspire et j'expire lentement et profondément quelques instants.
Puis, avec l'intention de dire non à l'anxiété, j'inspire, je retiens ma respiration et effectue des mouvements de la tête de droite à gauche, comme pour dire non...
Je reviens en position initiale pour souffler.
Je peux faire ce mouvement trois fois pour accueillir les informations qui me parviennent et l'évolution de ces informations. L'amoindrissement ou la disparition des tensions ou une sensation de chaleur au niveau de la nuque, par exemple ou encore un allégement des tensions mentales...
Je m'accorde le temps d'accueil nécessaire entre les répétitions.
Puis avec l'intention de dire oui à la sérénité, j'inspire, je retiens ma respiration et effectue des mouvements de la tête de haut en bas, comme pour dire oui...
Je reviens en position initiale pour souffler.
Je peux faire ce mouvement trois fois pour accueillir les informations qui me parviennent et l'évolution de ces informations.

La sensation de chaleur agréable qui persiste, de la sérénité qui se propage dans tout le corps...
Je m'accorde le temps d'accueil nécessaire entre les répétitions.

Intégrer les changements corporels

Je m'installe debout, les pieds parallèles, jambes légèrement écartées. Je ferme les yeux.
Je croise les mains devant moi en imaginant un miroir calé sur mes paumes.
J'inspire en montant mes mains jusqu'à les poser sur ma tête pour un court temps de rétention...
Puis, en soufflant doucement, je fais passer le miroir imaginaire devant mon visage, ma gorge, le haut du thorax, ma poitrine... Je reprends une respiration naturelle le moment venu et continue mon observation... J'observe dans le miroir mon ventre, mon pubis, mes membres inférieurs.
Je m'observe de l'extérieur, sans jugement, sans analyse...
Arrivée en bas, je prends soin de remonter tout doucement en déroulant ma colonne vertébrale.
Je m'accorde quelques instants de récupération...
Je refais cet exercice deux fois encore en prenant tout le temps nécessaire à cette observation de mon corps, de chacune de ses parties.
Je constate peut-être que certaines parties sont « moins présentes », d'autres « trop présentes » peut-être que je me vois nue, peut-être habillée différemment...
Je peux faire cet exercice tout le long de la grossesse pour en constater les changements, les évolutions et les intégrer au fur et à mesure...

Exercices de relâchement musculaire

Prendre conscience du relâchement

Je m'installe confortablement assise. Je prends contact quelques instants avec ma respiration. Je prends contact avec mes points d'appui sur la chaise, sur le sol.

Je prends une grande inspiration, je retiens l'air, je contracte fortement mes deux avant-bras et j'expire fortement en relâchant la contraction.

Je m'accorde un moment pour accueillir les informations qui me parviennent de mon état de tension/détente.

Je peux faire cet exercice trois fois pour constater l'évolution, les changements de mon état global.

Je peux m'accorder quelques instants pour accueillir toutes les sensations de repos...

Expulser la tension (mentale, affective ou corporelle)

Je m'installe confortablement assise. Je prends contact quelques instants avec ma respiration. Je prends contact avec mes points d'appui sur la chaise, sur le sol.

Je localise la tension, je l'identifie...

J'inspire afin de déplacer la tension.

Je retiens ma respiration afin de ramasser la tension.

J'expire fortement pour l'expulser...

Je pratique cet exercice sur chaque tension que j'identifie, que je repère...

Je peux globaliser cet exercice à l'ensemble de mon corps dans l'intention d'expulser les tensions résiduelles et harmoniser mon état de relâchement.

Je peux m'accorder quelques instants pour accueillir toutes les informations mentales, affectives, corporelles qui me parviennent...

Exercices de visualisation positive

Communiquer avec bébé

J'adopte une position confortable pour moi, assise ou allongée... Je ferme les yeux...
Je prends une profonde inspiration et souffle lentement pour commencer à installer la détente... Je laisse mon corps s'étaler en prenant conscience de mes appuis sur le support que j'ai choisi...
Je respire en conscience comme si ma respiration accentuait ma détente à chaque expiration...
Je desserre mes mâchoires, relâche mes épaules, mes mains et mes cuisses...
Je suis calme, détendue et je me concentre sur la région de mon bas-ventre.
Je peux percevoir mon utérus comme un muscle aussi relâché que mes autres muscles, un muscle souple et détendu. Je sens la forme de mon utérus dans sa plénitude et sa beauté, ses contours, les mouvements de mon bébé peuvent me permettre de mieux délimiter mon utérus.
J'essaie de percevoir le col de mon utérus... Je l'imagine tel un bouton de fleur bien fermé... Il garde mon bébé bien en sécurité dans mon ventre...
Je prends conscience de mon vagin, passage ample et souple, conscience de mon périnée, muscle qui peut se relâcher autant que les autres muscles. Je peux contracter volontairement les muscles autour de mon vagin pour mieux ressentir cette zone.
Je ressens toute cette zone de mon corps, très souple, très élastique, très relâchée qui s'épanouira lors de l'accouchement pour donner naissance à mon bébé.
La vie, cette vie qui est en moi, se manifeste peut-être par des mouvements, des pressions, des étirements ou des frémissements, parfois par des rythmes. Cette vie, c'est la présence de mon bébé

en moi. Je peux prendre contact avec lui. Je vis sa présence, je pense fortement à lui…

Je peux lui envoyer de la chaleur, de l'énergie ou des messages de calme et de confort.

Il est à l'intérieur de mon utérus, bien au chaud, enveloppé, protégé comme dans un nid, lové au creux de moi et je lui envoie l'harmonie et l'énergie dont il a besoin. Je détends un peu plus mon utérus pour lui envoyer davantage de ma présence. Pendant que je respire, à chaque expiration, je me rapproche de lui, je lui donne de l'oxygène.

Peut-être que le bébé bouge en retour… Lorsque je pose mes mains sur mon ventre, mes caresses, plus appuyées, chaudes et douces, le font réagir. Elles le rassurent encore. Je peux lors de ces échanges envoyer le message que je veux à mon bébé comme tendresse, confiance, amour… Je lui envoie le message que je souhaite, pensées positives pour nous deux. Ce peut être tout simplement un message de symbiose, de calme, d'harmonie. Harmonie et calme qui règnent en moi en ce moment et qui par simple osmose rayonnent en lui.

Je vis pleinement la communication avec lui, source pour moi de joie, de bonheur et je lui renvoie en retour. Je suis là, ici et maintenant pour lui et je dialogue librement avec lui. Je reste toujours à l'écoute de mon bébé même dans ma vie quotidienne. J'échange librement avec mon bébé.

Je profite encore un moment de cet instant intense de communion avec mon bébé.

Au rythme qui est le mien, en prenant tout le temps qui est nécessaire, je vais reprendre contact avec la pièce dans laquelle je me trouve, contact avec les bruits extérieurs… Progressivement, je commence à remettre mon corps en mouvement en commençant par bouger mes mains, mes pieds… J'éprouve peut-être le besoin de bâiller, de m'étirer et lorsque je suis parfaitement prête, je peux ouvrir les yeux.

Autosuggestion positive : j'ai un discours intérieur négatif

Peur de perdre mes moyens, peur de l'accouchement, de ne pas être à la hauteur, de ne pas avoir confiance en moi.
Je vois toutes ses pensées négatives défiler dans mon esprit, peut-être associées à des sensations corporelles.
Et avec ma propre volonté, j'arrête ce flot de pensées négatives, je les efface, les balaye, en prononçant le mot STOP. Et lorsque ce mot STOP est bien présent sur mon écran mental, je respire de façon consciente et profonde plusieurs fois en prolongeant le temps du souffle.
Puis, tout en respirant, je pense à une situation positive, en formulant mentalement des mots, des phrases clés, qui m'appartiennent, et qui vont renforcer mon esprit de combativité, ma confiance, ma motivation.
Puis je me concentre complètement sur le moment, sur les objectifs que je me suis fixés, sur l'enfant qui va venir au monde.
Dans un état d'esprit de confiance, d'énergie, de plaisir.

Capter l'énergie du soleil

Je m'installe confortablement, dans ma position de confort. Je laisse mon corps s'étaler. Je ferme les yeux. Je prends contact quelques instants avec ma respiration. Je desserre ma mâchoire, relâche mes épaules, mes mains et mes cuisses. Je porte attention à ma position. Je suis parfaitement calme.
Dans cet état de détente, de relâchement, je m'imagine sur le pont d'un bateau, quelque part dans la mer des Caraïbes. C'est une magnifique journée ensoleillée : le ciel affiche un splendide bleu azur, sans un nuage à l'horizon. Le soleil, très haut dans le ciel, éclaire cette mer, une mer d'huile, qui s'étend jusqu'à l'horizon. La mer, d'un superbe bleu profond, est silencieuse : elle semble endormie. Je suis allongée, en maillot de bain, sur une serviette. Une très légère brise caresse mon visage, mon corps. J'ai envie de me baigner, pour

me rafraîchir. Aussi je décide d'emprunter l'échelle du bateau pour satisfaire cette envie. Je rentre progressivement dans l'eau, agréablement fraîche, à la bonne température. Tout en douceur je laisse mon corps s'immerger. Je profite pleinement de ce bain revigorant. Je sors tranquillement de l'eau, remonte par l'échelle et je m'allonge sur ma serviette, bien chaude. Je ressens cette douce chaleur, à l'arrière de mon corps. Sur l'avant de mon corps, agréablement frais, les doux rayons du soleil se posent. Je ferme les yeux. Et je reçois toute l'énergie positive du soleil.

Je capte toute cette énergie positive grâce à ma respiration. Comme si je pouvais me remplir à chaque inspiration et diffuser toute cette énergie en expirant doucement.

Je fais le plein d'énergie.

Au rythme qui est le mien, en prenant tout le temps qui est nécessaire, je vais reprendre contact avec la pièce dans laquelle je me trouve, contact avec les bruits extérieurs... Progressivement, je commence à remettre mon corps en mouvement en commençant par bouger mes mains, mes pieds... J'éprouve peut-être le besoin de bâiller, de m'étirer et lorsque je suis parfaitement prête, je peux ouvrir les yeux.

Accompagner les contractions

Je m'installe allongée, dans ma position de confort. Je laisse mon corps s'étaler. Je prends conscience de mes appuis sur le support. Je ferme les yeux. Je prends contact quelques instants avec ma respiration. Je desserre mes mâchoires, relâche mes épaules, mes mains et mes cuisses. Je porte attention à ma position. Je prends tout le temps pour me détendre. Je suis parfaitement calme.

Je peux laisser venir à moi une image, un lieu de détente en détaillant le plus possible. Chaque détail me relaxe, de plus en plus...

Dans cet état de calme, je m'imagine, allongée, dans cette même position sur une plage de sable fin. J'imagine cet endroit, couleurs, parfums, bruits... À quelques mètres de moi, je regarde la mer, les vagues.

Elles sont petites et irrégulières un peu comme les contractions utérines du début de l'accouchement. Le jour de l'accouchement, elles seront rythmées, plus régulières, beaucoup plus amples, fortes...
J'imagine ces vagues plus hautes et à chaque arrivée d'une vague contraction, je relâche encore davantage mon corps qui s'enfonce un peu plus dans le sable...
Pour mieux ressentir ces contractions par vague, je contracte un bras, j'inspire 4 secondes, je souffle lentement 8 secondes... Mon bras seul est contracté, le reste de mon corps est totalement relâché... Et je relâche mon bras...
Puis de nouveau, je visualise la mer calme... Je relâche mes mâchoires, mes épaules, mes mains, mes cuisses... Récupération...
Et une nouvelle vague, contraction, contraction de mon bras, inspiration 4 secondes, expiration 8 secondes... Et je relâche... Récupération...
Je visualise la mer calme... Je relâche mes mâchoires, mes épaules, mes mains, mes cuisses... Récupération...
Et encore une fois, vague, contraction, contraction du bras, inspiration 4 secondes, expiration 8 secondes... Et je relâche... Récupération...
Je visualise la mer calme... Je relâche mes mâchoires, mes épaules, mes mains, mes cuisses... Récupération...
Conscience de mon corps bien relâché, sur cette plage... Mon image ressource... Je profite encore de cet endroit...
Au rythme qui est le mien, je vais reprendre contact avec la pièce dans laquelle je me trouve, contact avec les bruits extérieurs... En prenant tout le temps qui m'est nécessaire, je commence à remettre mon corps en mouvement en commençant par bouger mes mains, mes pieds... J'éprouve peut-être le besoin de bâiller, de m'étirer et lorsque je suis parfaitement prête, je peux ouvrir les yeux.
Le jour de l'accouchement, ce sera identique : en lieu et place du bras, seul l'utérus travaillera en se contractant pour ouvrir le col et vous aurez appris à garder le reste de votre corps bien relâché...

Ma fiche conseil

Zoom sur...

La sexualité pendant la grossesse

Sauf contre-indication médicale formelle, avoir une sexualité normale pendant la grossesse est autorisé.

Sur la base d'une communication joyeuse et authentique dans le couple et pour des raisons évidentes de confort, des positions évolutives verront le jour au fur et à mesure de l'avancement de la grossesse.

Il convient également de rassurer les hommes sur ce point. L'enfant est en sécurité et le risque de lui « faire mal » est infime !

Une sexualité vécue pendant la grossesse participe grandement au bien-être de la femme, de l'homme et du couple.

Alors que l'homme a grandement participé à cette nouvelle vie qui grandit dans le ventre de sa femme, il paraît inopportun de l'exclure pendant ce temps.

Pensez-y

La sophrologie, également après la naissance

L'accompagnement sophrologique continue après la naissance.

L'enfant arrivé au sein du foyer, il convient de lui faire une place. Pour la jeune maman, la difficulté peut être d'ordre positionnel... Elle et son propre corps, elle et son bébé, elle et son mari, elle et ses autres enfants si c'est le cas, etc.

La sophrologie pourra l'accompagner dans la juste place accordée à chacun de ses rôles et dans l'acceptation des changements corporels, mentaux et émotionnels.

Chapitre 9

SOPHROLOGIE POUR LES ENFANTS

Les enfants, comme les adultes, peuvent éprouver le besoin ou l'envie de pratiquer la sophrologie.

Dans ce chapitre, le travail spécifique avec les enfants sera abordé par l'exemple d'exercices avec leur intention et un récit d'accompagnement individuel.

La pratique sophrologique avec les enfants est un merveilleux exercice d'humilité durant lequel il s'agit de se laisser guider autant que l'inverse.

Le monde extraordinaire de l'imagination infantile est une invitation, sans *a priori*, sans filtre de « ce n'est pas possible ».

L'impact positif sur l'enfant est flagrant. Une meilleure intégration de son schéma corporel au sens sophrologique du terme, une meilleure image de lui, une confiance en lui et en son corps, des sens aiguisés pour appréhender le monde de façon positive.

Les axes de travail en sophrologie avec les enfants sont identiques à ceux pratiqués avec les adultes. Ils seront amenés de façon ludique et vont privilégier le monde imaginaire.

La curiosité insatiable de l'enfant conduira à une pratique joyeuse, riche, agrémentée par les questions toujours pertinentes, parfois déstabilisantes de ces adultes en devenir.

Certaines problématiques rencontrées chez l'enfant peuvent motiver un accompagnement spécifique en sophrologie.

Exemples de lecture du corps chez l'enfant

Ces exercices peuvent être lus par un adulte avant que l'enfant ne s'approprie les techniques et les pratique seul.

La fleur qui grandit

Tu vas te mettre accroupi, tes bras entourent tes jambes, ta tête est baissée contre tes genoux... Tu es comme une fleur fermée... Et puis, tu vas inspirer et, en même temps, te déplier jusqu'à mettre tes mains très haut, le plus haut possible... Tu te grandis... Et tu souffles en baissant tes bras...

Tu refais cet exercice encore deux fois en prenant bien le temps d'observer ce qui se passe dans ton corps... Peut-être que tu sens mieux ton corps... Peut-être même que tu te sens plus grand qu'avant l'exercice !

La bouteille, pour chasser le négatif, se remplir de positif

Tu vas t'installer dans une bonne position pour toi, c'est peut-être debout ou assis.

Tu vas faire attention à tes pieds, comment ils sont posés sur le sol. Tu vas faire en sorte qu'ils soient bien posés.

Tu vas faire attention à ta respiration, comment l'air rentre par ton nez, comment il ressort par ta bouche...

Et peut-être que déjà, tu peux sentir que tu deviens plus calme.

Tu vas imaginer que ton corps est comme une bouteille remplie de ce négatif qui te dérange. Tu peux donner une couleur et une texture à ce liquide négatif qui remplit ta bouteille pour l'instant...

Tu vas imaginer vider cette bouteille grâce à ta respiration...

Tu vas inspirer, retenir ta respiration, contracter ton corps et souffler fortement...

Tu vas refaire cet exercice deux fois encore en imaginant à chaque fois que tu souffles que ta bouteille se vide de ce liquide négatif.
Tu vas prendre quelques instants entre chaque répétition pour observer ce qui se passe dans ton corps... Plus ta bouteille se vide, plus tu es relâché...
À présent, tu vas imaginer remplir ta bouteille avec un liquide hyperpositif dans sa couleur, sa texture...
Tout à l'heure, tu as vidé le liquide négatif grâce à ta respiration. Là encore, en respirant différemment, tu vas remplir ta bouteille de positif grâce à ta respiration.
Tu vas inspirer, retenir ta respiration et penser très fort à cette couleur, cette texture hyperpositives et souffler tout doucement comme si ton souffle pouvait diffuser ce liquide dans l'ensemble de ton corps.
Tu refais cet exercice deux fois encore et à chaque fois que tu souffles, ta bouteille se remplit de ton superliquide...
Tu prends là aussi quelques instants entre chaque répétition pour observer ce qui se passe dans ton corps... Plus ta bouteille se remplit, plus tu es positif...
Tu t'accordes un moment pour observer tout le relâchement positif en toi...
En prenant tout ton temps, tu peux commencer à bouger ton corps, tu peux t'étirer, réentendre les bruits extérieurs et ouvrir les yeux quand tu es vraiment prêt !

Pour se détendre

Tu vas t'installer dans une position dans laquelle tu te sens bien.
Tu vas imaginer que ton corps devient très lourd et qu'il laisse son empreinte sur le matelas ou la chaise.
Et puis tu vas imaginer une lampe toute douce qui éclaire ton corps. Cette lampe a un grand pouvoir... Le pouvoir de détendre. Elle éclaire d'abord ton visage, ta tête... Avec ce pouvoir, tu sens ta tête se détendre... Ton front, tes yeux, ton nez, tes joues, ta bouche...

Tout ton visage se détend... Je me demande ce que la détente veut dire pour toi... Je me demande comment est ta tête maintenant qu'elle est détendue...
Et puis, la lampe éclaire doucement ton cou et tes épaules, tes bras, tout le long de tes bras... Jusqu'au bout de tes doigts, ton cou, tes bras se détendent, se relâchent...
Je serais curieuse de savoir si tu sens tes bras tout mous ou si tu sens des picotements dans tes doigts ou encore s'ils sont chauds maintenant qu'ils sont détendus...
Et cette lampe qui a le superpouvoir de détendre éclaire maintenant ton buste, ton ventre, ta poitrine, ton dos... Sentir ta respiration, le rythme de ta respiration qui se calme grâce à cette lampe aux pouvoirs relaxants.
(Pour les plus petits, il y a la possibilité de poser Doudou sur le ventre de l'enfant pour qu'il sente Doudou qui monte, qui descend... Et Doudou se détend également...)
Et cette lampe magique continue son chemin. Elle détend ton bassin, tes cuisses, tes genoux, tes mollets... Tout le long de tes jambes, jusqu'au bout de tes pieds.
Et je me demande encore comment tu sens tes jambes maintenant qu'elles sont détendues.
Sentir ton corps tout détendu grâce à cette lampe magique, cette lampe à le pouvoir de relâcher ton corps...
Prends le temps de sentir toute la magie de la détente dans ton corps.

Le lever du soleil pour être de bonne humeur

Imagine maintenant que c'est le matin, de très bonne heure.
Il fait encore presque nuit et tu as décidé d'aller voir le soleil se lever.
Tu t'es levé très tôt pour cela.
Voilà. Tu te sens bien. Tu pars tout seul. Tu te sens fort.
Tu marches. Sens bien que tu marches.

Tu imagines que tu montes sur une montagne pour aller voir le lever du soleil.
Tu regardes autour de toi en marchant. Il fait encore frais là-haut.
Tu vois les couleurs du ciel qui commencent à changer.
Quand tu regardes derrière toi, c'est encore sombre.
Il y a encore des restes de la nuit et tu sens que le soleil va se lever.
Tu te dépêches de monter.
Tu te sens très léger.
Tu montes sans fatigue comme si tes pieds te portaient tout seuls.
Et voilà. Tu arrives au sommet, juste au moment où le soleil se lève.
Et tu sens le soleil qui se lève. Tu le vois.
Tu vois l'air tout vibrant autour, et tout s'éclaire, tout rayonne.
Et tu arrives à regarder le soleil… Mais très peu de temps.
Et tout de suite, le soleil monte. Tu as l'impression que ça va très vite.
Tout s'éclaire autour de toi. Et tu commences à ressentir la chaleur dans ton corps.
Tu es heureux. Tu as l'impression que le soleil se lève aussi à l'intérieur de toi.
Et tout le paysage chante, et tout ton corps chante.
Et tu redescends en chantant.
Chaque fois que tu voudras, tu pourras de nouveau sentir le soleil se lever.
C'est une expérience qui t'appartient maintenant.

Pour s'endormir

Tu t'installes dans ton lit, bien au chaud… Tu te couches dans ta position habituelle d'endormissement…
Tu observes comment ton corps est étalé sur ton lit… Comment certaines parties de ton corps s'enfoncent dans le matelas…
Tu observes aussi ta respiration qui va devenir plus calme dès que tu auras fermé les yeux…
Tu peux à ce moment imaginer que tu es couché sur un nuage… C'est tout doux… C'est tout chaud…

À chaque fois que tu souffles tout doucement, tu imagines que le nuage s'envole, s'envole... Et plus le nuage s'envole, plus tu te détends, tu sens ton corps de la tête jusqu'au bout des orteils qui se relâche... Il s'envole vers le merveilleux pays des rêves... Cet endroit magique dans lequel tout est possible...
Tu peux décider de quoi tu as envie de rêver... Un endroit fantastique où les tables de multiplication et les conjugaisons s'apprennent toutes seules, comme ça, en un clin d'œil... Un endroit où les maîtresses dansent et chantent pour apprendre aux enfants... Un pays où tu peux jouer tout le temps... Dans lequel tu es peut-être un héros, une star de cinéma ou un grand joueur de football... Un pays où tu pourrais vivre tes rêves... Tout ce dont tu as envie... Pour toi ou pour les personnes que tu aimes...

La toilette du samouraï pour se dynamiser

Cet exercice a pour intention de revigorer le matin, mettre de l'énergie, de la conscience dans tout le corps... Il peut être pratiqué en famille...
Tu frottes les paumes de mains jusqu'à ce qu'elles soient chaudes, tu les déposes sur tes paupières fermées.
Avec tes doigts comme autant de petits marteaux, tu tapotes le dessus et le dessous des yeux.
Tu inspires et avec les index, tu frottes les ailes de ton nez en soufflant par le nez et en émettant le son de l'abeille « bzzzzz ».
Les lèvres relâchées, tu inspires par le nez en gonflant le ventre et tu souffles par la bouche en faisant vibrer les lèvres « brrrrrr ».
Tu frottes (doucement) l'ensemble de ton visage et de tes oreilles avec les mains.
Les doigts en marteaux, tu te tapotes l'ensemble de la tête, de la nuque.
Tu masses l'ensemble de ta tête avec les doigts.
Tu inspires, tu croises les mains derrière ta nuque et tu souffles fortement en projetant les mains vers l'avant (comme si tu voulais jeter la fatigue loin de toi).

Les doigts en marteaux, tu tapotes tes clavicules, le haut de ta poitrine, tes omoplates, tes épaules.

Tu poses ta main sur ton nombril, puis tu masses avec ta paume de main en faisant des cercles de plus en plus grands, dans le sens des aiguilles d'une montre. Pendant ce temps, tu penses à bien respirer.

Tu frictionnes l'ensemble d'un bras, dans tous les sens, sous toutes les formes du bras, poignets et mains, puis l'autre bras.

Tu es accompagné d'une autre personne, l'une en appui en fente avant sur une jambe, l'autre lui frotte le dos. Puis passe les mains de haut en bas rapidement en soufflant fort et rejette l'énergie au sol. Et tu inverses les rôles.

Tu frictionnes fortement ton bassin et tes fesses.

Tu frictionnes fortement tes cuisses et tes jambes.

Debout, tu inspires et tu lèves les bras comme si tu avais un sabre entre les mains et en soufflant en descendant jusqu'en bas comme si tu coupais quelque chose et tu remontes en déroulant la colonne vertébrale.

Un objet de concentration

Tu t'installes bien assis et au calme. Tu choisis un objet. Cela peut être une fleur, un fruit, un objet que tu aimes. Tu fermes les yeux. Devant toi, apparaît ton objet. Tu le regardes comme s'il était là. Tu regardes attentivement ton objet et tu remarques que plus tu le regardes et plus tu es tranquille. Tu détailles ton objet, tu fais attention à sa forme, à sa ou ses couleurs. Et plus tu le regardes et plus tu es détendu. Tu regardes ton objet, tous ses détails et si c'est possible, tu peux même aller voir dans ton objet... Tu es détendu et en même temps très concentré sur ton objet...

Tu prends quelques instants pour bien observer ce qu'il se passe dans ta tête et dans ton corps.

Zoom sur...

Une histoire d'enfant...

L'histoire qui suit vient illustrer l'évolution que peut vivre un enfant lors d'un accompagnement sophrologique.

Sacha[1] est une enfant de 8 ans, joyeuse et intelligente... Elle vient me voir pour préparer une opération chirurgicale. Cette opération est due à une pathologie ophtalmique rare dont elle est atteinte depuis sa naissance.

Elle est très timide lors de la première séance. Elle est angoissée et triste d'être « différente ». Elle n'a pas toujours envie d'aller à l'école.

Afin qu'elle visualise mieux cette angoisse, je lui demande de la dessiner...

1. Le prénom a été modifié.

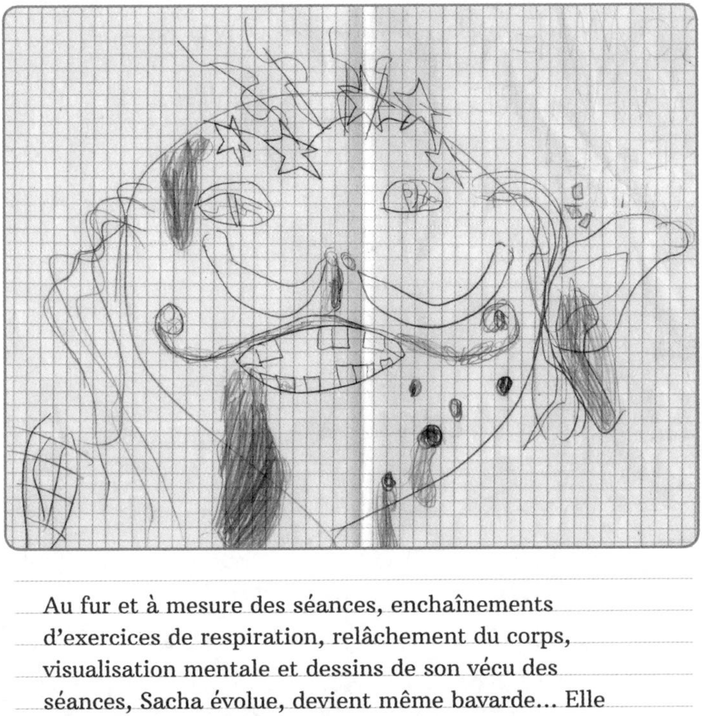

Au fur et à mesure des séances, enchaînements d'exercices de respiration, relâchement du corps, visualisation mentale et dessins de son vécu des séances, Sacha évolue, devient même bavarde… Elle gère parfaitement les moqueries des chipies de la cour d'école grâce à ses deux tigres et autres dragons qui marchent toujours à ses côtés. Elle retrouve confiance en elle. Elle a un peu peur de l'opération tout en étant parfaitement lucide sur sa nécessité…
Après une visualisation dans ce sens, elle raconte tous les soirs à son chat l'état de calme, de force et de joie dans lequel elle sera quand elle rentrera de l'hôpital après l'intervention…

Lors de la dernière séance, je lui demande de s'imaginer pendant les grandes vacances (l'accompagnement et l'opération ont lieu en juin)...

CONCLUSION

Il reste bien évident que la seule lecture de ce livre ne vous apportera pas toutes les réponses. Il est des situations qui méritent une consultation médicale, un suivi psychologique.

Beaucoup de médecins aujourd'hui prescrivent la sophrologie à leurs patients...

Un jour, un homme atteint par la sclérose en plaques m'a dit en consultation : « C'est moins grave d'être malade quand on est en bonne santé. »

J'ai trouvé que cette citation était simple et tellement juste dans ce que la sophrologie pouvait lui apporter.

Il voit son neurologue, suit parfaitement son traitement et pratique tous les jours des exercices de sophrologie. Elle l'aide à être acteur de sa vie, à profiter de l'instant.

Qu'ils soient jeunes, adultes, seniors, sportifs, artistes, malades et que sais-je encore, la sophrologie accompagne les personnes désirant la pratiquer vers une vie plus consciente, dans un mouvement positif.

Tous ces accompagnements sont riches d'émotions, de chemins sinueux, d'éclaircies, de temps mauvais. Ils sont tous riches de leur unicité.

BIBLIOGRAPHIE

- ✓ *Aide-mémoire – Sophrologie* de Nathalie Baste (Dunod, 2014)
- ✓ *La Sophrologie pour les nuls* de Cindy Chapelle (First Éditions, 2014)
- ✓ *Comprendre et pratiquer la sophrologie* de Bernard Etchelecou (InterÉditions, 2007)
- ✓ *Initiation à la sophrologie* du Dr Patrick-André Chéné (Ellébore Éditions, 2014)

Dans la même collection

Alessandra Moro Buronzo
Mes astuces et conseils de
NATUROPATHE
EYROLLES

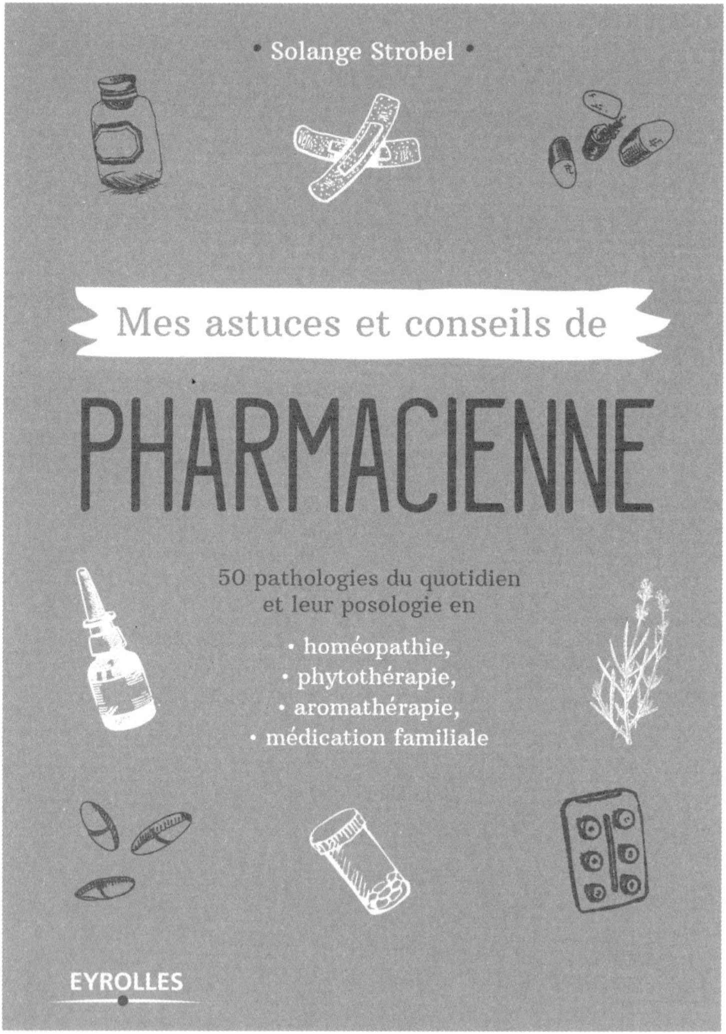
• Solange Strobel •
Mes astuces et conseils de
PHARMACIENNE
50 pathologies du quotidien
et leur posologie en
• homéopathie,
• phytothérapie,
• aromathérapie,
• médication familiale
EYROLLES

Certifié PEFC

Ce produit est issu de forêts gérées durablement et de sources contrôlées.

PEFC
10-31-1470

pefc-france.org

Impression & brochage SEPEC
N° d'imprimeur : 02672160361
Dépôt légal : avril 2016
Imprimé en France

IMPRIM'VERT®